국가적 참사
피해자 보도

국가적 참사 피해자 보도

저　　자　안 문 경
발 행 일　2023년 12월 1일 초판 1쇄
발 행 처　스콜라란 Scholaran
　　　　　(등록 433-75-00421)
이 메 일　scholaran@outlook.kr
편 집 실　10381 경기도 고양시 중앙로 1581, 734호
제작관리　이 희 영
교정교열　정 소 영
표지디자인　이 진 실

I S B N　979-11-981088-1-4 (03000)
가　　격　10,000원

ⓒ 스콜라란 Scholaran 2023
책의 저작권은 저자에게, 출판권은 스콜라란에 있습니다. 저작권법에 따라 보호받는 저작물이므로 무단 전재와 무단복제를 금합니다.

이 도서는 한국출판문화산업진흥원의 '2023년 중소출판사 출판콘텐츠 창작 지원 사업'의 일환으로 국민체육진흥기금을 지원받아 제작되었습니다.

참사 희생자를 추모하고,
시민과 언론이 성숙한 사회를 위하여
작은 책을 만듭니다.

목 차

저자 서문 … 6
0. 용어 정리 … 8

1. 독일 뉴스 속 차이 … 9
   1.1 스포츠 … 9
   1.2 국가적 참사 … 12

2. 언론 피해자 보호 지침 … 17
   2.1 국내 언론 … 17
   2.2 독일 언론인 공무 원칙 … 26

3. 참사 보도 비교 … 29
   3.1 참사 비교 … 29
   3.2 방송국 비교 … 32
   3.3 보도 양과 패턴 … 36
   3.4 참사 상황 공개 … 44
   3.5 참사 희생자 정보 유출 … 49
   3.6 참사 유가족 상황과 사연 … 52
   3.7 참사 2차 피해 … 56

4. 우리 사회 지향점 … 61
   4.1 보도 패턴 변화 … 61
   4.2 참사 상황 보호 … 63
   4.3 참사 희생자 보호 … 67
   4.4 참사 유가족 보호 … 70
   4.5 참사 2차 피해 방지 … 73

5. 성숙한 사회를 위한 결론 … 76
   5.1 절제 보도 … 76
   5.2 유가족 예우 … 84

부록. 독일 WDR 보도 필사·번역 … 88

저자 서문

가끔은 세상을 향해 말문이 막힐 때가 있다. 독일에서 세월호 침몰을 보고 나서도 그랬다. 대학에서 강의를 듣고, 숙제를 하다가 새벽 2시 정도에 국내 포털사이트 뉴스에서 '구조대가 급파되어 탑승객을 구조했다'라는 문구를 읽었다.

아침에 일어나서 인터넷으로 독일신문 〈짜이트(Zeit)〉를 열었을 때 '선박사고로 300여 명 실종(Fast 300 Vermisste nach Fährunglück)'이라는 메인 화면의 문구와 뒤집힌 세월호 사진을 보았다. 그리고 매일 저녁 국내 보도를 읽어나갔다. 부산에서는 이 먹먹함에도 아랑곳하지 않고 야구장에서 뱃노래 응원가를 불렀다는 기사까지 읽게 되었다.

2014년 4월 16일 이후 유럽 곳곳을 여행하며 성당에 갈 때마다 세월호 희생자를 위한 촛불을 올렸다. 그리고 독일생활을 정리하기 전, 독일 항공사의 큰 사고를 접했다. 부조종사의 자살 비행으로 알려지면서 독일 전체가 충격에 휩싸였고, 매일 매일 TV 뉴스를 보면서 한국과 독일 언론의 큰 차이를 알게 되었다. 대통령과 국회의원 앞에 무릎 꿇고 애원하는 세월호 유가족 모습조차 배포하는 한국 언론. 유가족의 노출을 막고, 최대한 애도하며 후속 조치를 보도하는 독일 언론을 보며 요란하지 않고 엄숙한 독일에서 어떤 깨달음을 얻었다.

2021년 6월 경기도 안산시 단원고등학교에서 가까운 4·16재단을 방문할 기회가 있었다. 오전에 도착해서 화랑유원지 경기도미술관의 전시회를 감상하였고, 화랑 호수 건너편에 있는 단원고등학교와 4·16재단 주변을 걸었다. 이사 마무리를 하는 재단 건물에 도착했을 때 입구에서는 재단의 이미지를 붙이는 중이었다. 그해 가을부터 국가적 참사에 대한 한국과 독일 언론을 비교하자는 생각에 글을 쓰기 시작하였다.

   올해는 글의 시의성에 대해서 고민했다. 시대를 고려해서 읽어야 하는 고전, 어떤 상황을 적어가는 당시의 사회를 상정하는 등이 아니라면 시간이 지났을 때 글의 힘이 약해지는 경우가 있기 때문이다. 세월호의 보도에 관한 이 책도 시의성에서 벗어나지 말아야 한다고 생각했다. 세월호가 우리를 떠난 지 10년이 다가오는 시점에 무슨 시의성이 있을까? 하지만 참사가 벌어지는 우리나라에서 언론 보도를 대면하면 세월호에 비해 요란하지 않을 뿐 크게 달라지지 않았다. 이태원 참사, 오송 지하차도 재난 등에서 언론의 사연 보도를 청취하고 있으면 과연 기자가 정말로 취재했을지 의문이 든다. 누구에게 어디서 이런 사연을 알게 되어 기사화하는 것일까? 여전히 우리는 참사와 관련된 보도를 잘하고 있는지에 부끄러움이 앞선다.

   그래서 글을 정리하여 세상에 내놓기로 했다. 책은 독일 공영방송에 대한 우리 언론의 본보기가 될 수 있는 내용으로 한정하였다. 도서 제작 단가를 줄이고자 편집을 밀도 있게 하였으며, 독일 보도의 필사본을 수록하자는 편집부의 의견도 반영하였다.

   2023년 이후에도 세월호의 정신적 유산을 계승하는 일을 해나가고 싶다. 혼자 하는 일이라 미미하겠지만, 이번 도서 집필과 발행도 그런 일에 해당한다. 종이책이 발행될 수 있도록 선정해 준 한국출판문화산업진흥원(KPIPA)에 깊은 감사를 전한다.

2023년 11월 저자

0. 용어 정리

미디어 방송(broadcasting), 뉴스(news), 신문(newspaper) 등을 포함하는 언론(the press)과 동등하게 사용

미디어생산자 언론사와 방송국

미디어수용자 영상보도 시청자, 신문기사 독자 등 보도를 접하는 모든 사람

참사 세월호 침몰과 저먼윙스(Germanwings) 항공기 추락사고를 재난(disaster), 참사(catastrophe), 충격적 사건(event), 대형 사고(accident) 등으로 표현할 수 있으나, 본 저서에서는 참사로 일원화

피해자 참사 희생자(사망자, 실종자)와 유가족, 참사 트라우마를 안고 살아가는 사람들

1. 독일 뉴스 속 차이

1.1 스포츠

 유럽, 그중 독일에서의 생활을 원한 것은 한국에서 이론으로만 배우고, 방송에서 나오는 것을 보고, 선 경험자의 얘기를 듣는 것에서 벗어나 직접 보고 부딪치고 느끼고 싶었기 때문이었다. 그렇다고 모든 분야에서 독일이 우리보다 성숙한 사회라는 것을 의미하지는 않는다. 독일생활에서 느낀 점은 그간 방송을 통해 외국의 교육제도 등이 과대 포장되었다는 것이었다. 처음 독일에 정주하고, 주말 저녁 공원에 갔을 때였다. 가득한 인파가 사라진 후 쓰레기가 뒤덮인 잔디의 광경은 두고두고 기억에 남는다.
 그러나 뉴스와 스포츠 중계에서 우리나라와의 차이를 알 수 있었다. 독일 공영방송 중 ZDF[1]를 그냥 틀어놓고 생활할 때였다. 2012년 런던 올림픽 기간에 스포츠를 대하는 태도가 우리와 다르다는 것을 느꼈다. 독일은 올림픽이 초·중반으로 접어들 때까지 전례 없는 메달 가뭄에 허덕이고 있었다.
 독일 수영 스타 비더만(Paul Biedermann)이 대회 초반까지 노메달이었다. 800m 자유형 계주에서 마지막 4번째 선수가 중국의 쑨양(Sūn

---
1 Zweites Deutsches Fernsehen, 독일 제2텔레비전, 독일 제2공영방송

Yáng) 선수에게 역전을 허용하면서 동메달마저 놓쳐버렸다. 그런데 경기가 끝나고 잠시 후 4명의 선수가 인터뷰하는데 모두 실실 웃고, 키득거리며 기자의 질문에 응답하는 모습을 보게 되었다.

　독일은 자국 선수 출전 경기가 끝나면 꼭 그 선수를 불러 인터뷰했다. 경기에서 이겼든 졌든 상관없었다. 대체로 선수들은 숨을 헐떡이는 상태인데도 아나운서와 선수 모두 승패와 상관없이 표정만은 밝았다. 올림픽 기간 동안 비더만의 인터뷰를 5번쯤 봤는데 수영장에서 갓 나와 물을 뚝뚝 흘리면서 늘 즐거운 모습을 보여주었다. 세계기록 보유자임에도 상당히 부진한 경기였고, 방송에 나오는 가족도 좀 풀이 죽어 있었다. 하지만 선수 자신은 덤덤하고 밝은 표정으로 인터뷰를 진행했다.

　올림픽 중 7월 30일 벌어졌던 펜싱 에페 종목의 신아람 선수에 대한 마지막 1초 논쟁은 저자 또한 독일신문 기사를 계속 보고 있었다. 우리나라에 소개된 것과 달리 독일은 자국 선수 편이었다. 물론 논쟁의 여지는 있겠지만 적어도 유명 일간지에서는 '그래서 뭐 어쩌겠느냐'는 인상을 주었다. 이런 사례를 보며 스포츠가 뭘까 싶은 생각이 많이 들었다. 페어플레이나 승부의 세계라는 것보다 한국과 독일은 뭐가 다를까 싶었다. 그러면서 어릴 때 기억에 남아있는 1988년 서울올림픽에서 우리가 다른 나라 선수에게 했던 편파 판정들이 오버랩되었다. 런던올림픽 당시에 읽은 독일신문의 문장처럼 '이것도 사람이 하는 일'이라 여전히 문제가 생기게 된다. 지난 런던올림픽에서는 시작부터 우리나라 선수들이 3번이나 겪게 된 것이다.

　한국과 독일의 남자 유도 81kg 이하급 종목의 결승에서 였다. 우리나라 김재범 선수와 독일 비쇼프(Ole Bischof) 선수의 경기에서 우리가 금메달을, 독일 선수는 은메달을 차지하였다. 이전 2008년 베이징올림픽에서는 반대로 비쇼프 선수가 금메달, 김재범 선수가 은메달이어서 2012

년의 결승 경기가 더 부각되었다.

경기에서 패한 비쇼프 선수는 피부가 긁힌 상처를 보이고, 땀에 젖은 도복을 입은 상태로 인터뷰하며, '상대 선수가 나보다 잘했고, 그가 정말 챔피언이다'라는 감동적인 말을 남겼다. 그는 그날 저녁 TV 올림픽 방송 스튜디오에도 나왔다. 방송 내내 표정이 밝아서 보기 좋았다. 경기 종료 후 김재범 선수가 너를 끌어안았을 때 그에게 무슨 얘기를 했느냐고 진행자가 물으니 이렇게 대답했다.

네가 정말 최고로 잘했다(super gemacht)!

비쇼프 선수는 올림픽 후에 독일체육대학에서 하던 공부를 계속하겠다는 말도 전했다. 그간 고된 훈련의 시간을 보여주는 유도나 레슬링 선수들 특유의 귀가 무척 돋보였다.

우리나라 선수들 또한 경기에 지더라도 이 선수처럼 밝게 웃으며 각자 할 일을 잘 찾아갔으면 하는 바람이다. 런던올림픽 수영 종목에 참여한 어느 독일 선수는 결승에서 메달을 따지 못했지만, 경기 후 아내와 함께 즐겁게 웃으며 '앞으로는 하고 있는 의대 공부를 잘 마치고, 가족과 많은 시간을 보내겠다'라고 말했다.

한국 선수들은 올림픽 후 공허함이 너무 커 보인다. 방송을 보면 더 큰 차이를 느낄 수 있다. 우리는 고된 훈련 시간을 보내고, 흔히 최고 선수들의 축제라고 말하는 올림픽에 출전한 선수를 어떻게 대했던가? 심지어 아시안게임에서 금메달을 받아도 언론이 취재하지 않는 경우도 있다. 언론만을 탓할 수는 없지만, 영향력을 행사하는 미디어의 태도가 달라진다면 한국 올림픽선수단의 분위기, 더 나아가 엘리트스포츠 문화를 변화시키는 데에 기여할 것이다.

모든 사안마다 근본 문제를 일으키는 집단이 분명히 있다. 그럼에도 대체로 언론이 먼저 질타를 받는 이유는 우리에게 공개되는 기사와 영상을 만드는 주체가 언론이기 때문이다. 권력과 시민 사이, 정치와 국민 사이, 특정 기관과 시청자 사이에서 언론의 역할은 사실성, 중립성, 객관성 등을 갖추어야 하므로 중요하다. 이 책은 언론에 대한 일방적인 질타가 아니라 한국과 독일의 큰 사건을 단순 비교하면서[2] 언론과 시민의 성찰을 같이 유도하기 위함이다.

1.2 국가적 참사

인터넷의 소셜 네트워크 서비스(social network service, SNS) 발달로 누구나 쉽게 미디어 영상을 제작하고, 플랫폼에 올릴 수 있게 되었다. 컴퓨터에 접속하거나 TV를 켜지 않아도 핸드폰에서 곧바로 미디어에 접근할 수 있고, 즉석에서 매체를 제작하여 공유할 수 있다. 이러한 자유로운 미디어 참여문화로 개인과 집단의 연결, 사적인 관계와 공적 네트워크 구조의 구분은 불명확해지고 있다.

사회 전반적으로 개인이 미디어를 제작하고 비판하는 통로가 다양해지면서 기사 내용의 진위와 적절성이 사회적 이슈가 된다. 나이와 상관없이 활발해진 SNS 문화는 미디어의 내용 이해를 넘어 미디어의 메시지가 주는 영상과 언어적 내용에 대해 많은 질문을 하게 된다. 매우 수

---

[2] 내용 중 표와 그림은 아래 자료에서 발췌하여 재정리하거나 새롭게 구성함.
안문경, 이지혜, 이희영 (2021). **한국과 독일 재난 뉴스의 피해자 보도 비교**. 4·16재단 생명·안전 학술연구 지원사업 연구결과보고서. / 217~286쪽 참고.

동적인 시청자부터 비판에 적극 참여하는 능동적 개입까지 미디어수용자의 범위는 다양하다. 따라서 가짜 뉴스, 부적절한 메시지에 대한 비판도 늘어나고 있다.

하지만 아직도 수동적인 자세로 미디어가 전달하는 정보를 그대로 받기만 하는 언론 소비자도 많다. 우리는 정보가 넘치는 인터넷에서 내용의 진실을 알기 원한다면 미디어의 기본 요소 4가지, 즉 미디어 언어(language), 재현(representation), 제작(production), 그리고 미디어수용자(audience)에 대한 학습을 하고, 비판 능력도 키워야 한다. 이것은 미디어리터러시(media literacy)나 미디어교육(media education)의 핵심이다.[3] 미디어를 문해(literacy)의 영역에서 학습해 나가는 인구와 교육은 증가하고 있다.

그럼에도 여전히 언론의 영향력은 유효하다. 개인이 접근할 수 없는 영역에서 언론은 특히 힘을 발휘한다. 자연 재난 및 인적 참사와 대형 사고의 경우 국가의 주요 언론사와 공영방송(public service broadcasting)의 영향력과 역할은 두드러진다. 국가적 참사와 사고의 내용을 전달하는 책임이 있는 공영방송의 취재와 보도는 그 나라, 그 사회에서 발생하는 참사 피해자와 유가족에 대한 인권 보호의 규준이 된다. 그리고 유가족에 대한 예우 문화를 볼 수 있는 좋은 사례일 수 있다.

대한민국에 국가적 충격을 안긴 2014년 4월 16일 세월호의 침몰과 동시에 우리나라 미디어 제작과 보도의 관행적 문제점이 수면 위로 올라왔다. 사건 자체가 갖는 비교 불가능한 독특함은 한국 사회의 가장 큰 문제가 무엇인지를 알려주었다. 사건을 대하는 행정·정치·언론·시

---

[3] Buckingham, D. (2019). **미디어 교육 선언** (조연하, 김경희, 김광재 외 공역). 서울: 학이시습. (원저 2019년 출판) / 65쪽 참고

민, 모두의 미숙함을 통해 성찰의 기회를 주었다.

　보도를 통해 세월호 침몰의 원인과 과정을 상세히 알고 싶었던 미디어수용자는 오히려 참사 이외의 뉴스거리와 사고 희생자 유가족의 영상을 반복 시청하게 되었다. 세월호 참사 1개월 후 한국기자협회가 발표한 보도가이드라인에 근거해서 세월호 보도를 평가하면 총 7가지의 문제로 정리될 수 있다.4

① 오보에 대한 정정보도 미흡
② 다량의 명확하지 않은 정보 출처
③ 피해자(생존자, 유가족 등)의 실명과 얼굴 공개
④ 자극적인 내용
⑤ 내용의 명확한 검증이 아니라 소문 또는 유언비어 등을 소재로 확대·재생산
⑥ 언론 자신의 의견과 판단을 일반화
⑦ 우울함, 불안과 같은 부정적인 내용 전달

　세월호 참사에 대한 언론 보도에는 분명한 문제가 있었고, 여론과 학계 모두에서 이를 지적해 온 것이 사실이다. 그렇다면 외국의 참사 보도는 어떠한가?

　독일에서도 세월호 침몰과 같이 한 나라가 충격에 빠진 비행기 추락사고가 있었다. 2015년 3월 24일, 독일 부조종사의 자살 비행으로 탑승객 전원이 사망하였다. 2014년 세월호와 2015년 저먼윙스(Germanwings) 참사 이후 두 사건을 보도하는 한국과 독일의 미디어에서

4　김춘식, 유홍식, 정낙원, 이영화 (2014). **재난 보도 현황 및 개선 방안 연구: '세월호 참사' 보도 내용분석을 중심으로**. 서울: 한국언론진흥재단. / 373~375쪽 참고.

언론 취재 행동과 생산된 기사 내용에는 많은 차이가 있었다.

우리나라 언론의 뉴스 제작물 형태는 매우 단순하게 반복되는 것을 알 수 있었다. 또한 미디어수용자의 관점에서 끊임없이 보도되는 참사 뉴스를 보며 희생자와 유가족, 지역사회를 포함한 피해자 인권이 전혀 보호되지 않는 현실이 드러났다. 세월호 참사에서는 희생자와 유가족에 대한 불필요한 정보가 지나치게 노출되었다. 뿐만 아니라 참사에 대한 충격 속에 마땅히 보호해야 할 유가족의 모습을 언론은 아무런 필터 없이 무방비로 침해하여 보여주었다. 피해자의 사생활 공개를 통해서 보도의 양을 증가시키는 것이 우선이고, 참사와 사건에 대한 원인 규명 및 후속 절차에 대한 취재가 부가적으로 이행된다면 이는 미디어의 바람직한 역할일 수 없다.

저먼윙스 참사를 보도하는 독일 공영방송은 사고 피해자에 대한 애도와 추모로 일관했다. 희생자의 정보를 유출하지 않았고, 사진과 동영상을 공개하지도 않았다. 그래서 우리나라와 독일 언론이 어떻게 다르게 참사 피해자를 보도하는지에 대한 실증을 할 수 있었다. 두 나라 미디어 비교를 통하여 언론이 피해자의 인권을 존중하는지, 유가족 사생활을 보호하는지 외에도 참사를 전하는 보도의 패턴 및 내용적 차이를 살펴보았다.

이를 통해서 국가를 대표하는 공영방송의 재난 보도 제작과 취재 행위에 긍정적이고 발전적인 영향을 미치고자 한다. 또한 한국과 독일의 단순 비교 분석을 통하여 취재의 인적 대상인 취재원, 특히 희생자 및 유가족에 대한 불필요한 정보를 가지고 만들어진 기사에 대한 언론 소비자의 비판 의식을 키우는 데 기여하고 싶다.

미디어를 비판하는 것이 부정적인 사고 행위만을 의미하지 않는다. 미디어수용자는 언론이 주는 정보를 통합하고 평가하는 소비자이기 때문에 비판적 생각(critical thinking)과 의견 제시는 논리적 행위이다. 미디어가 제시하는 선입견과 결론에 대해서 의문을 품고 문제를 제기해 나가는 것은 미디어수용자가 갖출 적극적 자세이다.

   책을 통해 독자는 언론이 공급하는 정보에 대해 건전한 비판을 하는 미디어수용자가 될 것이다. 특히 참사 피해자의 인권과 사생활 보호에 대한 인식을 제고하고, 언론과 보도 내용에 대한 객관적 시각을 갖출 것이다.

2. 언론 피해자 보호 지침

2.1 국내 언론

다양한 개인 미디어는 2000년대부터 전 세계적으로 미디어 시장을 장악하였다. 제작에 대한 개인의 자유가 인정받으면서 가짜뉴스와 불필요한 과잉 정보, 자극적 내용의 보도가 넘쳐나게 되었다. 미디어 범람의 시대에서 증가하는 개인 미디어생산자와 달리 전문 언론인은 직업적 윤리 의식이 더 필요하다. 윤리 의식의 정도에 따라 취재 행동과 보도 내용이 달라질 것이다. 이것이 개인 미디어와 전문 또는 공영방송 미디어의 질적인 차이를 보여주는 지표가 될 것이다.

계속해서 기사의 취재 행위외 언론 보도에서 여러 문제가 발생하고 있다. 피해자 인권과 관련된 연구에서 보도로 인하여 인권침해가 발생하는 문제 요인이 제시되었다.[1]

① 소수자와 약자에 대한 이해 부족
② 과도한 경쟁풍토와 특종 의식
③ 선정주의, 상업주의적 보도 자세
④ 기자의 낮은 인권 의식과 직업 윤리

---

1 국가인권위원회 (2013). **주요 언론의 인권보도준칙 준수 실태조사**. 서울: 국가인권위원회. / 5~10쪽 참고

⑤ 시간적 제약 및 수사기관의 방관적 태도

기자를 포함한 언론인 자유에 대한 관점에서 취재 윤리 영역은 취재원에 대한 윤리, 취재 방법과 행위에 대한 윤리로 나눌 수 있다. 참사 현장에서 취재원은 희생자 유가족 및 주변 인물이 되는 경우가 많다. 취재원의 피해자 관점에서 정리한 언론보도의 문제점 또한 다양하다.2

① 피해자에 대한 익명 처리가 완벽하지 못함
② 취재원이 누구인지 의심스러운 작위적인 익명 보도
③ 미디어수용자 관점에서 공공의 관심사 범위
④ 편집권 한계로 인한 진실 보도
⑤ 오보를 대비한 언론의 상당한 이유
⑥ 사생활과 관련된 초상권

신문 기사 등에서 취재원을 익명으로 보도하는 경우는 미디어수용자의 관점에서 취재원의 실존 자체를 의심할 수도 있다. 참사 보도의 경우 사고에 희생되는 모습을 반복 노출하는 것이 공공의 관심사(public interest)인가에 대해서도 논의가 필요하다.

그동안 피해자에 대한 사생활 보호의 내용은 법과 언론인 윤리강령 등을 통하여 언론사와 기자의 취재와 관련한 준수사항이 꾸준히 규정되어 왔다.

「방송통신발전 기본법」 제40조(재난방송 등)에 의하면 관련법으로 지정된 방송사는 재난방송을 해야 하고, 법에 따라 관련 내용을 준수해야 한

---

2 양재규 (2007). 피해자 관점에서 본 언론보도의 문제점. **언론중재**, 2007, 겨울, 65~84. / 66~82쪽 참고

다. 기본법에서는 피해자에 대한 내용을 3가지로 제시하고 있다.[3] 언론중재위원회에서는 언론보도로 인해서 피해를 본 경우에 피해자가 구제받을 수 있도록 하며, 오보로 인한 피해도 9가지로 규정하였다. 그중 두 개의 내용은 재난 및 참사 피해자와 관련이 있다.[4]

언론사 스스로, 언론인 협회, 그리고 취재 주체인 기자도 문제를 제기하였다. 자체적인 규칙을 세운 곳 중 한겨레신문은 2007년에 「취재보도준칙」 50 항목을 제시하였다. 피해자 보호와 인권에 해당하는 내용은 '1장 한겨레 기자의 책무, 2장 공정한 보도, 4장 취재·보도의 기본자세' 일부에 포함되어 있다.[5]

기타 자료에는 한국기자협회의 윤리강령이 있다. 피해자 보도에 관한 내용은 '6 사생활 보호' 항목에 포함되어 있다.[6] 한국기자협회의 재난보도준칙에서는 취재 과정 중 수행해야 할 피해자 보호의 지침을 '2 피해자 인권 보호' 항목에서 상세하게 제시하였다.[7]

지금까지 발표된 피해자 인권과 보호에 대한 항목과 내용을 기술하면 다음과 같다.

〔표 1〕 우리나라 미디어 '피해자 인권 및 피해자 보호' 내용

법령/기관	항목과 내용
「방송통신발전 기본법」	제40조(재난방송 등) • 피해자와 그 가족의 명예를 훼손하거나 사생활을 침해하지 아니할 것 • 피해자 또는 그 가족에 대하여 인터뷰를 강요하지 아니할 것 • 피해자 또는 그 가족 중 미성년자에게 인터뷰를 하는 경우에는 법정대리인의 동의를 받을 것

---

3 국가법령정보센터 www.law.go.kr
4 언론중재위원회. **잘못된 보도의 유형**. www.pac.or.kr
5 한겨레 (2007.01.). **취재보도준칙**. 한겨레신문사.
6 한국기자협회. **윤리강령 및 실천요강**. www.journalist.or.kr
7 한국기자협회 (2020.11.). **재난보도준칙**. www.journalist.or.kr

언론중재위원회	언론보도로 구제를 받는 피해 상황	
	· 기사내용과 관련 없는 사진을 보도하여 피해를 준 경우	
	· 승낙 또는 정당한 이유 없이 개인의 초상, 음성, 사생활 또는 성명을 내보낸 경우	
한겨레신문 「취재보도준칙」	1장. 한겨레 기자의 책무	
	· 3.(인권 옹호) 갖가지 인권 침해를 감시하고 파헤쳐 이를 바로잡도록 하는 것은 한겨레신문의 중요한 사명 가운데 하나다. 인권을 침해하는 모든 형태의 불법 폭력에 결연히 맞선다는 자세로 취재와 보도에 임한다.	
	- 나이 성별 직업 학력 지역 신념 종교 국적 민족 인종에 따른 차별과 편견을 없애기 위해 노력한다.	
	- 정치적 경제적 사회적 약자가 불공정한 대우나 부당한 차별을 받지 않도록 감시자의 역할을 다한다.	
	- 언론 자유와 인권 보호가 대립할 때에는 양자가 최대한 조화를 이루도록 노력하며 개인 또는 단체의 명예와 사생활을 존중한다.	
	2장. 공정한 보도	
	· 8.(사회적 약자를 다룰 때) 사회적 약자를 취재할 때에는 그 처지를 최대한 살핀다. 그러나 이들을 배려하고자 사실을 축소 과장 은폐 왜곡하지 않으며 보도는 공정하게 한다.	
	4장. 취재·보도의 기본자세	
	· 34.(사생활 존중) 취재원의 사생활(프라이버시)을 존중한다. 명백하고 긴요한 공적 관심사에 해당하지 않는 한, 취재의 명분으로 특정한 개인의 사적 영역 또는 그런 장소에서 이뤄지는 생활을 침해하지 않는다.	
	· 35.(희생자, 피해자 배려) 사건·사고의 희생자, 범죄 피해자나 그 가족을 취재할 때에는 마음의 상처가 덧나거나 피해가 커지지 않도록 최대한 배려한다.	
한국기자협회 「윤리강령」	6. 사생활 보호	
	· 우리는 개인의 명예를 해치는 사실무근한 정보를 보도하지 않으며, 보도대상의 사생활을 보호한다.	
한국기자협회 「재난보도준칙」	2. 피해자 인권 보호	
	· 제18조(피해자 보호) 취재 보도 과정에서 사망자와 부상자 등 피해자와 그 가족, 주변사람들의 의견이나 희망사항을 존중하고, 그들의 명예나 사생활, 심리적 안정 등을 침해해서는 안 된다.	
	· 제19조(신상공개 주의) 피해자와 그 가족, 주변사람들의 상세한 신상공개는 인격권이나 초상권, 사생활 침해 등의 우려가 있으므로 최대한 신중해야 한다.	
	· 제20조(피해자 인터뷰) 피해자와 그 가족, 주변사람들에게 인터뷰를 강요해서는 안 된다. 인터뷰를 원치 않을 경우에는 그 의사를 존중해	

야 하며 비밀 촬영이나 녹음 등은 하지 않는다. 인터뷰에 응한다 할지라도 질문 내용과 질문 방법, 인터뷰 시간 등을 세심하게 배려해 피해자의 심리적 육체적 안정을 해치지 않도록 각별히 유의해야 한다.
- 제21조(미성년자 취재) 13세 이하의 미성년자는 원칙적으로 취재를 하지 않는다. 꼭 필요하다고 판단될 경우에는 부모나 보호자의 동의를 얻어야 한다.
- 제22조(피해자 대표와의 접촉) 피해자와 그 가족들이 대표자를 정했을 경우에는 이들의 의견을 적절히 수용하고 보도에 반영함으로써 피해자와 언론 사이에 불필요한 마찰이나 갈등, 오해가 생기지 않도록 노력한다. 자원봉사자와의 접촉도 이와 같다.
- 제23조(과거 자료 사용 자제) 과거에 발생했던 유사한 사건 사고의 기사 사진 영상 음성 등을 사용하는 것은 해당 사건 사고와 관련된 사람의 아픈 기억을 되살리고 불필요한 불안감을 부추길 수 있으므로 가급적 자제한다. 부득이 사용할 경우에는 과거 자료라는 점을 분명히 밝힌다.

한겨레신문사는 2007년에 발표한 언론 윤리 내용을 개정하여 2020년 5월 「한겨레미디어 취재보도준칙」과 「한겨레미디어 범죄수사 및 재판 취재보도 시행세칙」을 발표하였다. 독자들은 2019년 9월 조○○ 사태에서 언론이 검찰 주장만을 받아쓴다고 강하게 비판하였다. 그리고 2019년 10월 건설업자 윤○○이 검찰총장 윤○○에게 접대했다는 주장과 관련된 기사 내용이 정확한지에 대한 의문을 제기하였다.

당시의 거센 비판 이후 한겨레는 이전에 발표했던 취재보도준칙의 내용을 개정하였다. 새로 발표한 2020년 개정은 총 7개의 장으로 구성되었다.[8]

① 책임과 의무
② 진실 추구
③ 공정과 균형

---

8 한겨레 (2020.05.14.). [전문] 한겨레미디어 취재보도준칙. **한겨레: 사회**.

④ 정직과 투명
⑤ 시민과 독자 존중
⑥ 성찰과 품위
⑦ 준칙의 실행

개정된 전문은 2007년에 비해서 체계적인 구성을 갖추었고, 내용도 구체적이다. 이 중에서 피해자의 인권은 '1장 책임과 의무'에서, 피해자 보호에 관한 내용은 '5장 시민과 독자 존중'에서 집중적으로 다루고 있다. 1장의 2개 항목과 5장의 3개 항목 중 인격권 존중, 약자와 피해자 보호 내용을 발췌하면 다음과 같다.

[표 2] 한겨레 「취재보도준칙」 중 '피해자 인권 및 피해자 보호' 내용 변화

영 역	2007년 내용	2020년 개정 내용

민주주의 및 시민정신		1장. 책임과 의무
		1. 민주주의와 인권 옹호
		  우리는 정확하고 공정한 보도를 통해 진실을 추구하여 민주주의 증진에 기여한다. 또한 우리는 인권을 침해하는 모든 형태의 폭력, 차별, 혐오를 배척하고 고발한다. 취재보도의 궁극적 목표는 시민들의 자유롭고 독립적인 판단을 도와 민주주의와 인권을 증진하는 데 있음을 잊지 않고, 우리에게 주어진 사회적 소명을 다한다.
		2. 시민 공동체 헌신
		  최대한 완전하게 취재한 사실을 독자에게 알려 시민 공동체에 기여한다. 개인이나 집단의 이익 또는 국익을 앞세워 진실보도를 포기하지 않고, 오직 공익에 충실히 임한다. 사회적 약자의 목소리에 더 많이 귀 기울이는 동시에 그들의 인권과 프라이버시를 침해하지 않는다.

인권 보호	1장. 한겨레 기자의 책무 3. (인권 옹호) 갖가지 인권 침해를 감시하고 파헤쳐 이를 바로잡도록 하는 것은 한겨레신문의 중요한 사명 가운데 하나다. 인권을 침해하는 모든 형태의 불법 폭력에 결연히 맞선다는 자세로 취재와 보도에 임한다. - 나이 성별 직업 학력 지역 신념 종교 국적 민족 인종에 따른 차별과 편견을 없애기 위해 노력한다. - 정치적 경제적 사회적 약자가 불공정한 대우나 부당한 차별을 받지 않도록 감시자의 역할을 다한다. - 언론 자유와 인권 보호가 대립할 때에는 양자가 최대한 조화를 이루도록 노력하며 개인 또는 단체의 명예와 사생활을 존중한다.	5장. 시민과 독자 존중 1. 인격권 존중 1) (인격권 보호) 당사자의 동의를 받았거나 공익을 위한 목적이 아니라면, 개인의 생명, 자유, 신체, 건강, 명예 등 인격적 가치를 침해할 수 있는 취재 또는 보도를 하지 않는다. 일반 시민은 물론 공인인 경우에도 공적 사안과 관련 없는 개인의 내밀한 영역, 즉 성생활, 질병, 가족사 등을 취재 또는 보도하지 않는다. 공익적 목적을 위한 예외적 상황인 경우에는 편집국장 등 취재 보도 부문 책임자 또는 그 권한을 위임받은 자에게 사전에 보고하고 그 판단에 따른다.
사생활 보호	4장. 취재·보도의 기본자세 34. (사생활 존중) 취재원의 사생활(프라이버시)을 존중한다. 명백하고 긴요한 공적 관심사에 해당하지 않는 한, 취재의 명분으로 특정한 개인의 사적 영역 또는 그런 장소에서 이뤄지는 생활을 침해하지 않는다.	2) (사생활 보호) 모든 이의 사생활은 원칙적으로 보호의 대상이므로 침해하지 않는다. 공적 기관이나 단체의 관련자, 공적 관심 사안의 당사자 등 공인은 공공장소 등에서 사전 승낙 없이 취재할 수 있지만, 공인 또는 공적 사안의 당사자라 해도 사적 공간은 무단출입하지 않는다. 개인의 사유지, 주거 공간, 집무실 등 사적 공간은 당사자의 동의를 받은 뒤에 취재한다. 3) (시민 보호) 공인이 아닌 일반 시민은 모든 면에서 그 보호의 수준을 더욱 높인다. 공적 관심 사안에 관련된 경우, 범죄 등 주요 사건에 직접 관련된 경우 등 예외적 상황이 아니고서는 일반 시민은 당사자 동의 없이 취재하지 아니하고, 취재에 응하라고 강요하지 않는다. 4) (명예 존중) 개인은 물론 단체나 기관을 취재 보도할 때에도 그 명예를 존중한다. 모욕감을 주는 방식으로 취재하지 않으며, 보도 내용에서 개인 및 단체의 명예 또는 신용을 심각하게 훼손하거나 함부로 폄훼하지 않는다.

개인정보 보호	3장. 정직한 보도 15. (취재원의 실명 표기) 모든 기사에는 취재원의 실명과 신분을 적는다. 다만 다음과 같은 예외적인 조건에 한해 취재원을 익명으로 표기할 수 있다. ① 의견이나 추측이 아니라 사실과 관련된 중요한 정보를 갖고 있는 취재원이 익명을 전제로만 말하겠다고 하는 상황에서 그 정보를 입수할 다른 방법이나 경로가 없다고 판단될 때. ② 취재원의 실명이 드러나면 각종 위해나 신분상 불이익에 노출될 위험이 있을 때. 사실에 관련된 정보가 아니라 의견이나 주장 추측 등을 수집해 보도할 때에는 실명 표기를 원칙으로 한다 익명으로 표기된 의견은 독자에게 필자의 주관적 견해라는 오해를 불러일으킬 수 있으므로 절대 남용하지 않는다. 19. (출처의 명시) 기사의 바탕이 된 모든 정보의 출처는 최대한 정확히 밝힌다.	5) (개인정보 보호) 취재 과정에서 알게 된 각종 개인정보는 당사자의 승낙 없이 유출하거나 보도하지 않는다. 특히 영상, 사진 등 개인의 신원과 신분이 드러날 만한 디지털 정보를 다룰 때는 초상권, 사생활권 등 개인의 권리를 침해할 여지가 없는지 충분히 검토한다.
약자 보호	2장. 공정한 보도 8. (사회적 약자를 다룰 때) 사회적 약자를 취재할 때에는 그 처지를 최대한 살핀다. 그러나 이들을 배려하고자 사실을 축소 과장 은폐 왜곡하지 않으며 보도는 공정하게 한다.	2. 약자와 피해자 보호 1) (사회적 약자 보호) 사회적으로 곤궁한 처지에 있거나, 신체적·정신적으로 보호가 필요한 이는 그 피해와 어려움이 커지지 않도록 최대한 조심스럽게 취재한다.
희생자, 피해자 보호	4장. 취재·보도의 기본자세 35. (희생자, 피해자 배려) 사건·사고의 희생자, 범죄 피해자나 그 가족을 취재할 대에는 마음의 상처가 덧나거나 피해가 커지지 않도록 최대한 배려한다.	2) (희생자 및 피해자 보호) 사건·사고의 희생자, 범죄 피해자나 그 가족을 취재할 때는 마음의 상처가 덧나거나 피해가 커지지 않도록 최대한 조심스럽게 접근한다. 이를 보도할 때는 희생자 및 피해자, 그 가족의 존엄과 사생활을 침해하지 않는다. 가해자의 가족 및 지인, 사건·사고의 증인 및 목격자도 이러한 보호의 대상이라는 점을 유념한다.

미성년자 보호	4장. 취재·보도의 기본자세 16. (실명표기의 예외) 각종 범죄의 피해자 여성과 어린이를 포함한 성폭력 사건의 피해자, 범죄 혐의를 받고 있거나 유죄 판결을 받은 만 14살 미만 형사 미성년 어린이 등을 취재원으로 인용할 때에는 익명으로 한다.	3) (미성년자 보호) 어린이 및 청소년을 취재할 때에는 부모 또는 법적인 보호자의 사전 또는 사후 동의를 얻어 보도한다. 14살 이상의 청소년인 경우에는 당사자의 동의를 얻어 취재보도할 수 있지만, 사회적 갈등 사안 또는 첨예하게 의견이 대립하는 사안과 관련해 이들을 취재할 때는 신중을 기한다.
선정성	4장. 취재·보도의 기본자세 39. (범죄보도) 자살 사건과 각종 범죄를 보도할 때에는 정황과 수법 등을 구체적으로 묘사하지 않는다. 특히 성폭력 사건의 보도에서는 자극적이거나 선정적으로 묘사하지 않는다.	4) (선정 보도 지양) 자살 사건과 각종 범죄를 보도할 때에는 모방의 위험을 충분히 고려하여 정황과 수법 등을 구체적으로 묘사하지 않는다. 폭력, 잔학행위, 성에 관한 표현 등에서 독자가 불쾌감을 느끼지 않도록 유의한다. 특히 성폭력 사건의 보도에서는 자극적이거나 선정적으로 묘사하지 않는다.
피해자 구제		5) (피해자 구제) 취재 또는 보도로 인해 선량한 개인 또는 집단 및 기관이 명백한 피해를 입은 것이 확인되면 신속하고 적절하게 조치한다.

2020년의 개정 내용을 기준으로 2007년의 준칙을 왼쪽에 배열함.
「한겨레미디어 범죄수사 및 재판 취재보도 시행세칙」 내용은 제외함.

세월호 참사를 겪으며 국내 언론에 대한 비판과 자성의 분위기가 고조되었고, 관련 연구도 많이 발표되었다. 우리나라 재난방송의 문제점을 정리한 연구에서는 3가지를 제시하였다.[9]

첫째, 현행 법률에 따르면 재난방송이 취재해야 할 대상이 분명하지 않다. 세월호 참사는 자연재난 및 재해와 다르기 때문에 선박의 침몰, 항공기 추락, 철도 사고가 재난방송에 해당하는가의 논쟁이 있다.

둘째, 「방송통신발전 기본법 시행령」 제28조에서는 재난방송 주관방송사와 일반방송사를 구분하고 있지만, 방송사 간의 명확한 권한과 책임

---

9 정준화, 송시현 (2014.06.26.). 재난방송의 현황과 개선방안. **이슈와 논점**, 871호.

에 차이가 있는가의 문제도 있다. 따라서 KBS 재난방송을 특화하는 것에 대한 책임과 통제가 어렵다.

마지막은 세월호 참사 이전에도 국내 언론의 문제로 제기되어 온 것과 유사하다. 참사에 대한 자극적, 선정적, 반복적 피해 상황 보도의 문제이다. 취재 경쟁으로 재난과 재해에 대한 정보를 제공하기보다는 피해자의 개인정보 노출 등이 문제로 지적되었다.

세월호 참사 보도를 계기로 특히 언론이 비판을 많이 받았지만, 세월호 이후에 방송사 취재 가이드라인을 현장에서 잘 따른다고 할 수 없다. 재난과 참사에 대한 사실 전달에서 벗어나 아직도 불필요한 정보로 보도를 재생산하지는 않는가? 취재원으로의 피해자와 관련된 개인정보가 과잉 유출되어 사건의 원인과 본질에 대한 사실 인지를 방해하는 것은 아닐까?

이런 문제에 대한 비판적 사고가 요구된다. 언론이 변화하기에 세월호 참사만으로는 부족했던 것 같다. 따라서 보다 성숙한 언론 윤리 의식을 갖추는 것으로 여겨지는 독일과 우리 언론의 비교가 필요했다.

2.2 독일 언론인 공무 원칙

우리나라에서는 이미 언론인의 취재에 대한 윤리적 준수 내용을 다수 발표하였다. 그러나 관련법, 준칙 및 강령의 존재와 별개로 내용이 현장에서 실천하고 있는가는 다른 문제이다.

독일의 저널리즘 윤리에서도 언론인의 윤리강령은 언론인의 격차에 따라 타협적인 행동으로 지켜지지 않을 수 있다. 주로 전쟁과 같은 특수한 상황에서는 언론 윤리를 명문화하기 어렵고, 이런 주제를 조사하고 실증적으로 연구하는 것에 대한 회의론도 있다.10

그러나 독일은 피해자 보호(Opferschutz)와 피해자 권리(Opferrechte) 측면에서는 우리에 비하여 잘 지켜지고 있다. 다양한 독일 매체의 보도 내용을 보면 체감할 수 있다. 독일언론위원회(Deutscher Presserat)에서 발표한 「언론인 공무 원칙(Publizistische Grundsätze)」에 있는 15 항목 중 3가지의 항목이 피해자 인권과 보호에 관한 내용이라고 할 수 있다.11

〔표 3〕 독일언론위원회 「언론인 공무 원칙」 중 '피해자 인권 및 피해자 보호' 내용

항목 개괄	관련 내용
8항. 인격 보호 (Schutz der Persönlichkeit) 언론은 사람들의 사생활과 그들 정보의 자기결정을 존중한다. 그러나 대중의 행동이 공익적이라면 언론에서 논의할 수 있다. 보도를 확인하는 경우 정보에 대한 대중의 관심이 영향을 받는 사람들의 관심보다 합법적으로 커야 한다. 단순히 선정적인 관심사로 보도를 식별하는 것을 정당화하지 않는다. 익명화가 필요한 경우 효과적이어야 한다. 언론은	8.2 피해자 보호(Opferschutz) : 피해자의 신원은 특별한 보호가 필요하다. 사고 또는 사고 과정을 이해하는 데 피해자 신원은 부적합하다. 피해자, 그의 가족, 기타 권한 있는 사람이 동의했거나 피해자가 공인이면 이름과 사진을 공개할 수 있다. 8.3 어린이와 청소년(Kinder und Jugendliche) : 특히 범죄 및 사고 신고 시 18세 이하의 아동과 청소년은 원칙적으로 신원이 확인되지 않아야 한다. 8.4 가족 구성원과 제3자(Familienangehörige und Dritte) : 보도는 실제 주제와 무관한 가족 등 간접적인 타인의 경우에는 일반적으로 이름과 사진 게재를 허용하지 않는다. 8.5 실종자(Vermisste) : 당국과 협의를 통해서만 실종자의 이름과 사진이 공개될 수 있다. 8.6 질병(Erkrankungen) : 신체 및 정신질환과 손상은 사적인 영역이므로 당사자의 동의 없이 보도되어서는 안 된다.

---

10 Richter S. (1999). Journalistische Ethik. In S. Richter (Ed.), *Journalisten zwischen den Fronten*. Wiesbaden: VS Verlag für Sozialwissenschaften, / 73쪽 참고
11 Deutscher Presserat (2019). *Publizistische Grundsätze (Pressekodex)*. Berlin: Deutscher Presserat. / 7~9쪽 참고

편집된 자료 보호를 보장한다.	8.7 자살(Selbsttötung) : 자살에 대한 보도는 주의가 필요하다. 특히 이름 명시, 사진 공개 및 자세한 상황에 대한 설명이 해당한다. 8.8 거주지(Aufenthalsort) : 개인의 주소지뿐만 아니라 병원, 요양원 및 재활시설과 같은 개인적 거주지는 특히 보호되어야 한다. 8.9 기념일(Jubiläumsdaten) : 대중이 모르는 기념일을 공개하기 전에 편집자는 관련인이 동의하는지 확인한다. 8.10 안내(Auskunft) : 보도로 인하여 개인의 권리가 훼손되면 출판기관은 저장된 기본 데이터에 대한 개인정보를 관련자에게 제공한다.
9항. 명예 보호 (Schutz der Ehre) 글과 그림의 부적절한 표현으로 사람들의 명예를 훼손하는 것은 언론 윤리에 어긋난다.	
11항. 선정적 보도, 청소년보호 (Sensationsberichterstattung, Jugendschutz) 언론은 폭력, 잔인성, 고통에 대해서 부적절하게 선정적으로 묘사하지 않는다. 언론은 미성년자 보호를 존중한다.	11.1 부적절한 표현(Unangemessene Darstellung) : 보도가 사람을 수단으로 여길 때는 부적절하고 선정적인 표현이 된다. 특히 사망하거나 신체 및 정신적으로 고통을 받는 사람에 대한 보도가 공익과 정보에 대한 독자의 관심을 넘어설 때이다. 언론이 제목 면(첫 페이지)에 폭력과 사고를 그림으로 표현할 때 아동과 청소년에게 미칠 수 있는 영향을 고려해야 한다. 11.3 사고와 재난(Unglücksfälle und Katastrophen) : 사고와 재난에 대한 보도는 피해자의 고통과 가족 구성원의 감정에 대한 한계를 발견한다. 원칙적으로 사고로 영향을 받은 사람들은 보도의 표현으로 두 번 희생되지 않아야 한다.

3. 참사 보도 비교

3.1 참사 비교

우리나라와 독일의 참사 뉴스에서 보여주는 피해자의 인권 보호에 대한 비교를 위해 두 나라 국민에게 각각 트라우마를 안겨준 참사를 선정하였다. 2014년 4월에 발생한 세월호 침몰과 1년 후 독일에서 발생한 국적기 저먼윙스 추락사고가 비교를 위한 참사 뉴스의 대표적 경우이다.

두 참사의 공통점에는 희생자 특성이 있었다. 그래서 언론 보도가 집중한 취재 대상은 고등학교(김나지움) 학생이었다. 세월호에 탑승한 전체 인원은 476명이었는데 이 중 단원고 2학년 수행여행단이 339명이었다. 제주도로 향하던 세월호에서 경기도 안산시 단원고등학교 2학년 인솔교사와 학생, 261명이 희생되었다.

2015년 3월 24일 오전, 독일 루프트한자(Lufthansa) 저가 항공사인 저먼윙스의 9525기는 스페인 바르셀로나를 이륙하였다. 일정 고도에 도달한 비행기 안에서 조종사가 화장실에 가려고 조종석을 이탈하였다. 그리고 조종실의 문을 잠근 부조종사 안드레아스 루비츠(Andreas Lubitz)는 자살하려고 의도적으로 비행기를 하강시켰다.

저먼윙스는 오전 9시 41분 6초에 프랑스 알프스 산악지대에 충돌하였다. 이 시간에 CVR(cockpit voice recorder, 조종실 음성기록장치)의 녹화가 중지되었다. 승객 144명과 승무원 6명의 탑승객 전원은 형체도 없이 희생되었다. 조사에 의하면 저먼윙스 부조종사는 2008년 8월부터 우울증을 겪었고, 자살 충동 때문에 입원 치료를 받기도 하였다. 2009년에는 의사의 처방에 따라 항우울제를 복용하며 심리치료도 받은 것으로 나타났다. 부조종사와 치료를 담당했던 정신과 의사 사이에 주고받은 2015년 3월의 이메일 내용에는 추가 약물을 복용하는 것에 대한 언급이 있었다.[1]

사건 조사를 담당한 프랑스 측의 발표에 의하면 저먼윙스 참사는 우울증 병력이 있는 부조종사가 불특정 다수에게 가한 증오범죄였다. 이 참사는 18년 저먼윙스 역사와 독일 전체에 가장 치명적이고 충격을 안겨준 사건으로 기록되었다.[2] 저먼윙스 추락 지점이 프랑스 국토였기 때문에 프랑스 검찰이 조사에 참여해 신속하게 참사 원인을 발표하였다. 그렇게 추락사고의 원인은 빠른 시일 내에 간단히 규명되었다.

독일 저먼윙스 참사의 희생자 150명 중에는 독일인이 72명이었다. 그리고 독일-스페인 고등학교 교환학생 프로그램에 참여했던 18명이 포함되었다. 요제프 쾨니히 김나지움(Joseph-König-Gymmnasium)은 노르트라인-베스트팔렌(Nordrhein-Westfalen, NRW) 주(州)에 있는 인구 약 4만 명의 도시 할턴(Haltern am See)에 있으며, 희생자는 스페인어 수업을 수강하는 학생 16명과 인솔 교사 2명이었다.

독일 김나지움은 스페인 리나 델 바예스(Llinars del Vallès) 마을에 있

---

[1] BEA (2016.03.). *Final report: Accident on 24 March 2015 at Prads-Haute-Bléone (Alpes-de-Haute-Provence, France) to the Airbus A320-211 registered D-AIPX operated by Germanwings*. Paris, France: Bureau d'Enquêtes et d'Analyses pour la sécurité de l'aviation civile. / 30~33쪽 참고
[2] BEA (2016.03.) / 12~18쪽 참고

는 고등학교와 자매결연을 맺고, 어학연수 교환학생 프로그램에 참여할 학생의 지원을 받았다. 희생자 16명의 학생은 초과한 지원자 중에서 제비뽑기로 선발된 학생이었다.3 4

〔표 4〕 세월호와 저먼윙스 참사 비교

	세월호	저먼윙스 9525기
발생시기	· 2014년 4월 16일	· 2015년 3월 24일
발생지역	· 인천에서 제주도로 항해 중 진도 앞바다	· 스페인 바르셀로나에서 이륙 후 독일 뒤셀도르프로 비행, 프랑스 니스에서 북서쪽 100km(62마일) 떨어진 알프스 산악지대
참사형태	· 급격한 변침으로 표류 중 침몰	· 27세 부조종사 안드레아스 L.의 고의적 하강 충돌
참사원인	· 진상 규명 중 · 조사 지속(2021년 기준)	· 2008년부터 우울증 치료를 받고 있는 부조종사의 자살비행 · 불특정다수에 대한 증오범죄
참사 후 대응	· 2014년 11월 '4.16세월호 참사 진상규명 및 안전사회 건설 등을 위한 특별법' 제정	· 유럽 항공 안전국의 임시 권고 발표 ; 비행 중 최소 한 명의 조종사를 포함하여 최소 2명의 승무원이 조종실에 있는지 확인
탑승인원	· 총 476명 (승객 447명, 승무원 29명) · 단원고 단체 339명 포함 (학생 325명, 인솔 교사 14명)	· 총 150명 (승객 144명, 승무원 6명) · 김나지움 단체 18명 포함 (학생 16명, 인솔 교사 2명)
희생자	· 304명 희생 (사망 299명, 실종 5명) · 단원고 단체 261명 희생	· 150명 전원 사망 · 독일인 사망자 72명 중 NRW주 거주자가 약 50명 · 김나지움 단체 18명 희생
보도초점	· 단원고 2학년 수학여행단	· 김나지움 독일-스페인 교환학생 프로그램 참여단

---
3 Hempel, S. (2015.03.25.). Trauer in Halern. *WDR, Aktuelle Stunde.*
4 Rosenkranz, J. (2015.04.16.). Spanier trauern in Haltern. *WDR, Lokalzeit Münsterland.*

그래서 할턴의 김나지움은 저먼윙스 참사를 추모하고, 희생자를 애도하는 상징적인 장소가 되었다. 외국인, 독일 일반인 승객과 비교했을 때 10대 고등학생과 인솔 교사에 취재가 집중될 수밖에 없는 점은 세월호 보도와의 공통점이었다.

3.2 방송국 비교

한국방송공사(KBS)[5]는 국가를 대표하여 지상파 공영방송을 운영하는 기업이다. 공영방송의 체제는 1973년에 갖추었고, 대한민국의 재난방송과 민방위 방송을 주관하고 있다. 서울에 본사를 둔 KBS는 지역총국 9곳과 지역방송국 9곳에 해당하는 18개의 지역방송국을 운영하며, 외국에 14개의 지국을 두고 있다.[6]

세월호 참사 관련 보도 자료를 수집하고자 대표 공영방송이면서 재난방송 주관방송사인 KBS를 선택하였다. 그리고 대표 뉴스를 선정하여 세월호 참사가 발생한 당일부터 1개월 동안의 모든 보도를 청취하였다.

독일 연방(Deutscher Bund) 공영방송은 크게 제1공영방송 ARD[7]와 제2공영방송 ZDF의 두 방송국으로 나뉜다. ARD의 지역 공영방송 명칭과 위치 등을 정리하면 다음과 같다.

---

5 韓國放送公社, Korean Broadcasting System
6 KBS. **KBS 소개**. about.kbs.co.kr/index.html?sname=kbs&stype=introduce
7 Arbeitsgemeinschaft der öffentlich-rechtlichen Rundfunkanstalten der Bundesrepublik Deutschland (또는 Arbeitsgemeinschaft der Rundfunkanstalten Deutschlands), 독일연방공화국 공영방송 연구사업체

[표 5] 독일연방 제1공영방송 ARD의 지역 공영방송 (ABC순)

방송사명	약칭	본사 위치	개국	송출 지역, 주(州)
Bayerischer Rundfunk 바이에른 방송	BR	뮌헨(München)	1949	· 바이에른(Bayern)
Deutsche Welle 도이체 벨레	DW	본(Boon)	1953	· 전 세계 송출, 국제방송
Hessischer Rundfunk 헤센 방송	hr	프랑크푸르트 (Frankfurt am Main)	1948	· 헤센(Hessen)
Mitteldeutscher Rundfunk 중부독일방송	mdr	라이프치히 (Leipzig)	1991	· 작센(Sachsen) · 작센-안할트(Sachsen-Anhalt) · 튀링엔(Thüringen)
Norddeutscher Rundfunk 북부독일방송	NDR	함부르크 (Hamburg)	1956	· 함부르크(Hamburg) · 니더작센(Niedersachsen) · 슐레스비히-홀슈타인 (Schleswig-Holstein) · 메클렌부르크-포어포메른 (Mecklenburg-Vorpommern)
Radio Bremen 라디오 브레멘	RB	브레멘(Bremen)	1945	· 브레멘(Bremen)
Rundfunk Berlin-Brandenburg 베를린-브란덴부르크 방송	rbb	베를린(Berlin) 포츠담 (Potsdam)	2003	· 베를린(Berlin) · 브란덴부르크(Brandenburg)
Saarländischer Rundfunk 자르란트 방송	SR	자르브뤼켄 (Saarbrücken)	1957	· 자르란트(Saarland)
Südwestrundfunk 남서독일방송	SWR>>	슈투트가르트 (Stuttgart)	1998	· 라인란트-팔츠 (Rheinland-Pfalz) · 바덴-뷔르템베르크 (Baden-Württemberg)
Westdeutscher Rundfunk 서부독일방송	WDR	쾰른(Köln)	1956	· 노르트라인-베스트팔렌 (Nordrhein-Westfalen)

독일연방 16개의 주(州, Land, Bundesland)에서 베를린, 브레멘, 함부르크는 시 자체가 주인 도시주(都市州, Stadtstaat)

제1공영방송 ARD는 독일 전역으로 방송되는 지상파 종합 채널 〈다스 에아스테(Das Erste)〉와 각 지역 공영방송국에서 해당 지역으로 송출하는 자체 채널을 가지고 있다.

　저먼윙스 추락으로 약 50명의 가장 많은 희생자가 발생한 NRW주에 있는 ARD의 지역방송국 WDR(서부독일방송)을 독일 보도 자료 수집을 위한 방송사로 최종 선택하였다. WDR 뉴스에서 총 16개의 보도를 선별하였다. 동영상을 반복 시청하면서 독일어로 기사를 필사하였고, 이후 우리말로 번역하였다.[8]

〔표 6〕 WDR 저먼윙스 피해자 관련 보도 분석 목록

일자 (참사 이후)	기사 제목 (기자/분량)
3.24. (당일)	· 할턴 김나지움의 희생자 학생들 (알○○/5분01초) · 노르트라인-베스트팔렌 주(州)정부 반응 (뢰○○/1분54초)
3.25. (2일)	· 다음날 뒤셀도르프 공항 (보○○/2분50초) · 비탄에 빠진 할턴시(市) (헴○○/5분36초) · 추락사고 다음날 할턴 (헴○○/7분18초)
3.26. (3일)	· 희생자를 위한 묵념 (그○○/2분47초) · 첫 번째 희생자 시신 수습 (므○○/2분34초)
3.27. (4일)	· 할턴 추모미사에 참석한 연방대통령 가○○ (에○○/4분07초) · 사고 이후 확인된 사실들 (괴○○/2분43초)
3.28. (5일)	· 희생자 추모 (베○○/2분35초)
4.01. (9일)	· 루프트한자 사장과 저먼윙스 회장의 사고현장 방문 (슐○○/3분01초) · 할턴에서 거행된 추모미사 (그○○/6분46초)
4.16.(24일)	· 스페인에서 온 조문 (로○○/2분21초)
4.17.(25일)	· 할턴도, 국가도 애도합니다 (슐○○/2분58초) · 희생자를 위한 추모미사 (무○○/3분06초) · 추락사고: 슬픔만 남겼나, 아니면 불안함까지 남겼나? 　(특집방송/28분38초)

8　부록 88쪽에 내용 추가함.

비교를 위하여 우리나라 KBS 대표 뉴스의 세월호 보도와 독일 WDR의 저먼윙스 참사 보도 중 피해자 인권과 개인정보 보호 내용의 차이를 알아보았다. 기본적으로 양적 비교 후에 보도 내용을 질적으로 분석하였다.

우선 KBS와 WDR이 생산한 피해자 관련 보도를 양적으로 비교하고, 보도 영상을 시간적 분량(길이)으로 단순 비교하였다. 여기에서 보도 패턴의 차이도 파악하였다.

둘째, 참사 피해자에 대한 인권 보호의 정도를 비교하기 위하여 희생자와 유가족에 대한 보도 내용을 세분화하였다. 또한 참사 현장이나 구조 당시에 피해자의 핸드폰, 메시지, 동영상에 포함된 개인 자료의 유출이 있는지를 알아보았고, 해양경찰청의 공식 자료가 공개되었는지를 살펴보았다.

셋째, 피해자의 개인정보가 유출되는 내용을 참고하여 희생자의 실명이 공개되는 양과 사생활이 확장되는 정도를 시각화하였다. 확장성이 큰 것은 피해자에 대한 정보가 지나치게 공개되었음을 의미한다. 이는 참사의 원인과 피해 사실에 기반 해야 하는 취재의 목적에서 벗어나는 것이다. 확장성은 단순히 기사의 양적인 증가를 반영하며, 언론 보도로 인한 2~n차 피해가 양산되는 것을 시각적으로 알 수 있다.

넷째, 유가족에 대한 언론 보도의 반응과 유가족 정보 유출 정도를 분석하였다.

마지막으로 피해자의 주변(인)에 대한 언론 보도의 내용을 알아보았다.

3.3 보도 양과 패턴

세월호 참사 이후 1개월 동안 대표 뉴스의 전체 보도는 총 952개로 파악되었다.

〔표 7〕 세월호 참사 후 1개월 동안 관련 보도량

일자 (참사 이후)	보도 주제(개)			일자 (참사 이후)	보도 주제(개)		
	전체	세월호	피해자		전체	세월호	피해자
4.16.(당일)	50	50	8~16	5. 1.(16일)	29	22	3~4
4.17. (2일)	50	50	9~14	5. 2.(17일)	30	7	1~2
4.18. (3일)	50	50	14~18	5. 3.(18일)	23	6	1~2
4.19. (4일)	50	50	6~10	5. 4.(19일)	23	9	3~4
4.20. (5일)	50	50	6~9	5. 5.(20일)	27	10	1~2
4.21. (6일)	36	31	3~5	5. 6.(21일)	26	12	1~2
4.22. (7일)	34	30	5~7	5. 7.(22일)	27	9	2~3
4.23. (8일)	37	33	2~4	5. 8.(23일)	25	10	3~5
4.24. (9일)	36	28	4~6	5. 9.(24일)	26	8	1~2
4.25.(10일)	38	27	3~6	5.10.(25일)	18	7	1~2
4.26(11일)	26	21	1~2	5.11.(26일)	19	6	1~2
4.27.(12일)	26	21	2~3	5.12.(27일)	25	10	1~2
4.28.(13일)	29	27	3~5	5.13.(28일)	24	8	1~2
4.29.(14일)	29	20	2~5	5.14.(29일)	29	9	1~2
4.30.(15일)	30	23	3~6	5.15.(30일)	30	19	5~7
합계	952개	663개	(최소) 98개 (최대) 159개				
전체 비율	100%	70%	(최소) 10.3% (최대) 16.7%				
세월호 보도 내 비율		100%	(최소) 14.8% (최대) 24.0%				

전체 보도에서 세월호 관련 보도는 663개(70%)였고, 피해자와 관련된 보도가 98개(10.3%)에서 159개(16.7%)로 조사되었다. 세월호 보도 안에서만 보면 참사 피해자 관련 보도는 최소 14.8%, 최대 24.0%로 나타났다.

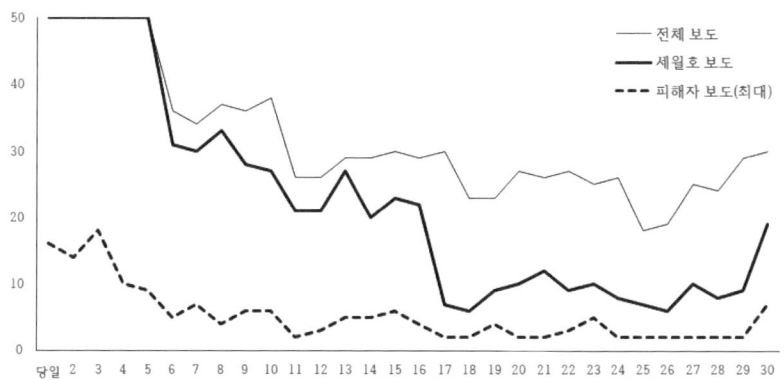

〔그림 1〕 세월호 참사 후 1개월 동안 관련 보도량 변화 (단위: 개)

독일 방송국의 아카이브(원자료)를 기초로 하여 저먼윙스 참사가 발생한 이후 1개월 동안의 보도를 살펴보았다. 저먼윙스와 관련된 보도는 총 169개였으며, 이 중 피해자와 관련된 보도는 총 35개로 판단되었다.

전체 보도가 아니라 참사 보도 안으로만 한정하면 피해자에 대한 보도 비율은 우리나라가 최대 24.0%였고, 독일이 20.7%로 두 방송사 모두 22% 정도의 유사한 비율을 보였다.

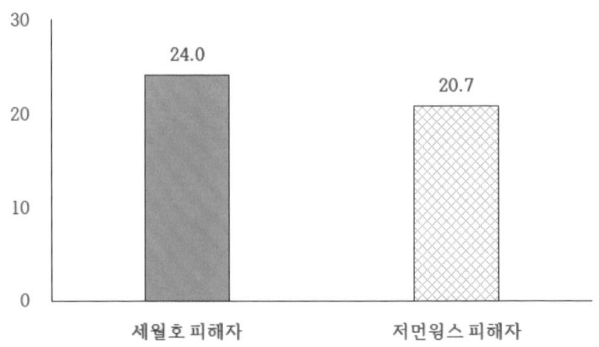

〔그림 2〕 참사 보도 중 피해자 관련 보도 비율 비교 (단위: %)

두 방송사에서 참사를 보도하는 영상의 분량과 패턴에서는 큰 차이를 보였다.

세월호 참사 보도에서는 앵커의 단신 보도에 해당하는 4개를 제외하고, 기자의 리포트 형식이 포함된 81개의 보도 분량이 비슷한 것으로 나타났다. 81개의 피해자 관련 보도는 최소 1분 11초, 최대 2분 5초의 길이로 나타나 평균 1분 38~39초 분량의 영상이었다. 세월호 보도에서 짧은 분량의 기사를 많이 생산한 것은 피해자를 취재하는 여러 기자가 유사 내용을 단순 반복한 것으로 유추할 수 있다.

독일 저먼윙스 피해자 관련 보도의 길이는 특집 프로그램을 제외한 15개가 1분에서 7분대까지 다양하게 나타났고, 평균 보도 분량은 3분 43초였다.

〔표 8〕 참사 피해자 관련 보도 분량 비교

참사	보도 수	분량	평균(M) ±표준편차(SD)
세월호	5개	1분 11~20초	1분38~39초 ±11초
	12개	1분 21~30초	
	28개	1분 31~40초	
	26개	1분 41~50초	
	7개	1분 51~60초	
	3개	2분 01~10초	
저먼윙스	1개	1분~	3분43초 ±1분41초
	7개	2분~	
	2개	3분~	
	1개	4분~	
	2개	5분~	
	1개	6분~	
	1개	7~8분	

보도의 시간적 차이 외에 보도 영상을 제작하는 패턴에서도 차이를 보였다.

세월호 보도 영상은 짧은 길이(1~2분)로 만들면서 동시에 보도의 패턴도 유사하게 반복되었다. 대부분 스튜디오에서 시작하는 앵커의 멘트 다음에 이어지는 기자의 사전녹화(리포트)와 같은 단순 구성이었다. 사전에 제작되어 공개하는 기자의 녹화분량 안에 한 문장 정도의 짧은 녹취나 인터뷰가 포함되었고, 녹취와 인터뷰 간의 구분이 모호할 때도 있었다.

그래서 세월호 피해자 보도 대부분은 '앵커-기자-녹취-기자' 또는 '앵커-기자-인터뷰-기자'의 패턴이었다. 85개의 보도 중 11개의 기사에서는 녹취나 인터뷰가 포함되지 않았다.

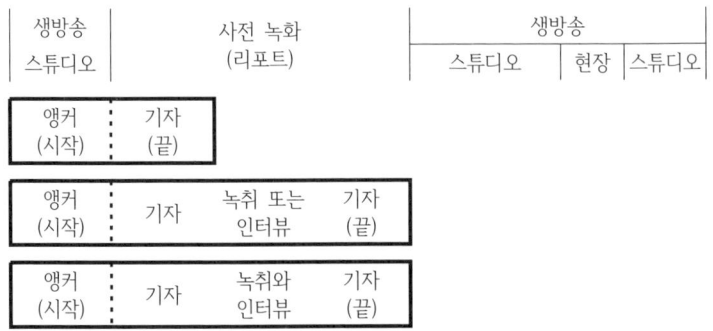

〔그림 3〕 세월호 참사 피해자 보도 제작 패턴

4.15.(참사 당일) 이 시각 부상자 상황은? (박○○/1분11초)

앵커(남) 이번엔 부상을 당한 승객들이 치료를 받고 있는 목포의 병원으로 갑니다.
앵커(여) 네, 박○○ 기자, 달라진 상황이 뭐 있습니까?
기자 네, 부상자들은 오늘 오전부터 이곳 목포 한국병원 등 전남지역 7개 병원으로 각각 옮겨졌습니다. …

독일은 보도의 전체를 구성하는 제작 패턴이 다양하게 나타났다. 생방송을 진행하는 스튜디오와 사전녹화(리포트), 그리고 현장과 스튜디오를 연결하면서 보도마다 일정하지 않은 패턴을 보여주었다.

세월호 보도가 '앵커-기자'의 단순 형태를 취한다면 독일 저먼윙스 보도는 '앵커-기자-전문가인터뷰-앵커'의 구조를 보였다. 이를 통하여 독일과 우리나라 언론이 제작하는 보도의 패턴 차이를 알 수 있다.

생방송 스튜디오	사전 녹화 (리포트)		생방송		
			스튜디오	현장	스튜디오

앵커 (시작)	기자	전문가 등 인터뷰	기자1	앵커		기자2 (끝)	
	기자 (시작)	전문가 등 인터뷰	기자	앵커	전문가 등 인터뷰		앵커 (끝)
	기자1 (시작)	전문가 등 인터뷰		앵커		기자2 (끝)	
	기자 (시작)	전문가 등 인터뷰	기자 (끝)				

〔그림 4〕 저먼윙스 참사 피해자 보도 제작 패턴

3.25.(참사 이후 2일) 비탄에 빠진 할턴시 (헴○○/5분36초)

앵커A 네, 말씀드렸다시피 전체 사망자 수는 150명으로 추정됩니다. …
앵커B 독일 전역이 슬픔에 빠졌습니다만 그 슬픔이 가장 깊은 지역은 바로 NRW주입니다. …
앵커A 그리고 그 중에서도 할턴 시민이 받은 충격이 가장 큽니다. …
기자 '어제는 그렇게 많았는데 이제는 우리뿐이네요.' 남겨진 학생들과 시민들의 슬픔이 어떠한지 단적으로 보여주는 문구입니다. …
슈○○ (애도상담사) 아이들은 지금 심적으로 크게 괴로워하고 있습니다. …
기자 오늘 50명의 젤조르거과 애도상담사가 학생과 교사를 돌보고 있습니다. …
뢰○○ (동맹90/녹색당, NRW주 교육부 장관) 가족을 잃은 사람의 슬픔, 친한 친구를 잃은 사람의 상실감은 어느 누구도, 세상 그 어느 권력자도 해소해 줄 수 없습니다. …
기자 뮌스터 교구 부주교 겔○○도 힘겹게 위로의 말을 전했습니다.
겔○○ (뮌스터 교구 부주교) 지금 제 마음속에 드는 생각을 있는 그대로 말씀드리겠습니다. …
기자 내일 오전 10시 53분에는 주 전역에서 묵념시간을 가집니다. …
앵커B 그리고 할턴 김나지움 교장 선생님인 베○○ 씨는 오늘 이렇게 말씀하셨습니다. …

후○○ (할턴 생방송 기자) 할턴에서의 슬픔과 애도는 모두 어제와 같습니다. …

또 한 보도의 제작 패턴에서 우리나라와 독일이 크게 차이가 나는 것은 보도 안에 삽입되는 녹취 또는 인터뷰의 내용 때문이었다.

세월호 피해자 보도에서 녹취 부분은 당시의 수습 현장이었던 팽목항과 임시분향소 등에서 들리는 뚜렷하지 않은 목소리를 보도 영상의 효과음처럼 삽입하는 것이 다수를 차지하였다. 특히 기자가 하는 멘트 중간에 삽입되는 전문가(관계자) 인터뷰도 단일 문장으로만 편집하거나, 문장을 완전히 끝맺지 않고 중간에 끊어버리는 경우도 많았다.

이런 보도 편집으로 인해서 뉴스를 시청하는 미디어수용자는 인터뷰의 내용이나 자세한 상황 설명 등을 이해하기 어려웠다. 참사 자체에 대한 충분한 정보의 양이 부족하고, 명확하지 않았다. 세월호 보도에서 시청할 수 있는 녹취와 인터뷰 삽입 예를 살펴보면 다음과 같다.

4.20.(참사 이후 5일) 실종자 가족 건강 상태 '악화'…의료 지원 시급 (조○○/1분17초)
기자 실종자 가족들이 모여 있는 진도 체육관. 닷새째 차가운 물속에 갇혀 있을 가족 생각에 눈물이 마를 날이 없습니다. 진척 없는 수색에 고성을 지르며 항의도 해봅니다.
〔녹취〕 **실종자 가족** 선수가 어, 침몰할 때까지 당신들 뭐했어!
기자 희생자가 늘어나고 안타까운 소식만 들려오면서 몸과 마음 모두 지쳤습니다. …

4.27.(참사 이후 12일) '죄책감·악몽에…' 세월호 생존자들의 슬픔 (신○○/1분59초)
기자 생존자들이 겪는 심리적 충격은 극단적인 수준으로 진단됩니다.
〔인터뷰〕 ○○○ **(세브란스병원 정신건강의학과장)** 생존자 증후군 같은 증상들, 갑자기 여러 가지 스트레스를 한꺼번에 지금 받으시는 거거든요.
기자 침몰 사고 열이틀 째. 생존자들의 고통과 슬픔에도 눈을 돌릴 때가 됐습니다. …

독일 보도는 2~3분 정도의 짧은 분량에서도 전문가와 일반 시민을 대상으로 취재한 인터뷰 내용은 길고 구체적으로 삽입되어 있었다. 인터뷰 내용을 통해서 전문가와 시민의 의견이 미디어수용자에게 잘 전달되고 있다.

3.28.(참사 이후 5일) 희생자 추모 (베○○/2분35초)

기자 … 바○○ 시장은 부조종사의 유가족을 만났는데요, 다음은 WDR 라디오에서의 시장 인터뷰입니다.
〔인터뷰〕**바○○ 시장** 부조종사의 유가족은 목요일 저녁 두 번째 그룹과 함께 도착했습니다. (부조종사의) 아버지가 왔는데요, 자리에 그대로 쓰러져버렸습니다. 바닥에 주저앉아서 도무지 일어나질 못했고요. 그는 자기 두 어깨에 이 모든 참사에 대한 책임을 지고 있었습니다. 그게 제가 받은 인상입니다. 그분은 아마 일어나지 못할 겁니다.
기자 수색 팀은 두 번째의 블랙박스를 찾는 데에 총력을 기울이고 있습니다. 기체 추락 원인이 기계 결함일 가능성을 완전히 배제하지 않기 때문입니다.
〔인터뷰〕**미○○ (프랑스 수사관)** 두 번째 블랙박스를 찾아야만 우리는 여객기의 마지막 운항 상태를, 추락 직전의 상황을 알 수 있습니다. 조종실에서 마지막 몇 분 동안 어떤 일이 일어났는지를 파악해야만 합니다.
기자 디뉴 레 방의 주민들은 희생자를 추모하는 미사를 드리며 총 150개의 초에 불을 밝혔습니다. …

4.17.(참사 이후 25일) 할턴도, 국가도 애도합니다 (슐○○/2분58초)

기자 … 미사에 참석하기 위해 기다리고 있는 사람들입니다. 보○○도 두 딸과 함께 미사에 참석합니다.
〔인터뷰〕**보○○ (시민)** 오늘 이렇게 함께 기억할 자리가, 이런 형태로 마음을 추스릴 자리가 마련되었다는 것이 위로가 됩니다. 자식을 잃은

부모에게 이런 것이 얼마나 큰 의미를 가지는지 이해할 수 있는 사람은 아무도 없어요. 제 큰 딸 또래 아이들이 많이 왔어요. 어쩌면 저희 유가족을 위로해주기 위함이었는지도 모르지요. 정말 많은 사람이 처음부터 끝까지 함께 자리해 주셨습니다.

기자 250개의 비지정 좌석이 있습니다. 보○○와 그녀의 딸들은 참사 사건과 슬픔에 대해 열린 마음으로 인터뷰에 응해 주었습니다.

[인터뷰] 보○○ (시민) 갑자기 엄청나게 많은, 도저히 답할 수 없는 수많은 의문점이 생기게 돼요. 그럴 때 거기서 (그런 질문들에 전부 답하려고 하는 대신?) 이렇게 말하는 것이 괜찮은 거예요. '아니야. 지금은 이게 중요한 거야. 나머지 다른 거는 일체 신경 쓸 거 없어. 이런 거 다른 사람들은 물론 정말 이해하지 못하겠지만, 우리한테는 어쨌든 지금 (받아들일) 시간이 필요해.'

기자 그러는 동안 내빈들이 먼저 성당에 들어갑니다. NRW주 총리와 연방대통령, 그리고 연방총리가 성당에 도착했습니다. …

3.4 참사 상황 공개

세월호 보도에서는 희생자 실명, 사망자의 발견 위치와 당시 상황, 그리고 시신 수습 과정 등을 상세히 '스포츠 중계하듯이' 보도하였다.

> 4.16.(참사 당일) "4명 사망·174명 구조…284명 생사 미확인" (김○○/1분49초)
> **앵커(여)** … 4명이 숨지고, 284명의 생사를 아직 알 수 없습니다. …
> **기자** … 선사 직원 22살 박○○ 씨와 단원고 2학년 정○○ 군 등이 숨져 사망자는 계속 늘고 있습니다. …
>
> 4.18.(참사 이후 3일) 구명조끼 입고도 참변…'안타까움 더해' (이○○/1분27초)
> **앵커** 네 밤사이 시신들이 대거 떠올랐습니다. …
> **기자** 어젯밤과 오늘 아침 사이 인양된 시신만 16구, 모두 다 구명조끼를 입은 상태로 바다 위로 떠올라 발견된 이들은, 출구 가까이 있

다 탈출 직전 변을 당했다는 설명입니다. …

4.19.(참사 이후 4일) 4층 객실서 시신 3구 발견…선실 안 진입 실패 (박○○/1분45초)
앵커(여) 시신을 수습하고 생존자 구조를 위해 선실 안 진입을 시도했지만 실패했습니다. …
기자 … 선체 4층 객실 내부에서 시신 3구가 발견된 겁니다. …

4.30.(참사 이후 15일) 세월호 시신 1구 2.4km 해역서 발견…유실 우려 (이○○/1분35초)
앵커 오늘 민관군 구조팀이 시신 7구를 추가로 수습했습니다. 하지만 사고 지점에서 무려 2km나 넘게 떨어진 지점에서 시신이 발견돼 시신 유실 우려가 커지고 있습니다. …
기자 … 4층 선수 좌측과 중앙 격실, 더 아래쪽의 5층 로비까지 문이 열리는 객실을 집중 수색했고, 이 과정에서 시신 6구를 추가로 수습했습니다. …… 오늘은 특히, 침몰 지점에서 2.4km나 떨어진 해역에서도 시신 1구가 발견됐습니다. 기름 방제용 그물의 닻에 걸려 있던 희생자를 어민이 수습해 인계했습니다. …

5.08.(참사 이후 23일) 희생자 구명복 보니…여성·어린 학생에게 양보 (함○○/1분37초)
기자 … 세월호 선내에서 발견된 희생자 가운데 구명복을 입지 않은 시신은 모두 34구. 이 가운데 남성이 25명으로 여성보다 3배 정도 많습니다. 또 학생의 경우 10명 중 1명만이 구명복을 안 입었지만, 일반 승객은 10명 중 3명으로 어린 학생들을 먼저 챙기려 했던 것으로 보입니다. …

보도에서는 해양경찰청이 촬영한 탑승자 구조 영상을 배경 화면으로, 그리고 세월호 선내 방송 등을 배경음으로 반복 사용하였다. 해양경찰청 구조대가 촬영한 영상이 언론에 보도되었을 때 '입수' 경로가 명확하게 공개되지는 않았다. 피해자의 휴대폰 메시지, 카카오톡, 동영상 촬영분에서 나온 자료의 입수 방법은 기사에서 밝히지 않았다.

참사로 인해 벌어진 긴박한 상황만을 재현할 수 있는 많은 정보가 보도를 통하여 일방적으로 공개된 것을 알 수 있다.

〔표 9〕 세월호 침몰·구조 상황에 대한 정보공개 출처와 보도 예

일자	구조대 촬영 영상	피해자 휴대폰 메시지 카톡	동영상	출처 관련 앵커 멘트
4.16. (당일)	○			네, 구조대가 직접 촬영한 영상을 통해 그 순간 생생하게 전해드립니다. …
4.17. (2일)			○	세월호가 침몰하던 순간, 배 안의 상황을 구출된 탑승자들이 찍은 영상들이 그 긴박했던 상황을 그대로 보여주고 있습니다. …
		○		배가 침몰하는 순간에도 안산 단원고 학생들은 '살아서 보자'라는 메시지를 주고받으며 서로를 격려했습니다. 간절한 학생들의 문자들이 더욱 가슴을 아프게 합니다. …
			○	소방호스로 밧줄을 만들어 학생 20여 명의 목숨을 구한 용감한 승객들이 있었습니다. 당시 상황을 생생히 담은 화면을 …
4.18. (3일)		○		또 사고 당일이 생일이었던 김△△ 선생님의 사망 소식이 주위를 안타깝게 하고 있습니다. 김 선생님은 사고 직전 배 위에서 학생들에게 마지막 생일 축하를 받았습니다. …
4.20. (5일)		○		이번 사건을 수사하고 있는 합동수사본부는 사고 당시 탑승자들이 남긴 카카오톡 메시지를 확보하고 있습니다. 선장이나 선원들이 거짓말을 하는지 검증하는 자료로 활용하기 위해서입니다. …
4.22. (7일)		○		생과 사의 갈림길에서 필사적으로 학생들을 탈출시킨 전○○ 선생님의 문자메시지가 공개됐습니다. 구명조끼까지 학생들에게 양보했던 참 스승은 여전히 돌아오지 못하고 있습니다. …
4.28. (13일)		○		사고 당일 오전 10시 17분, 단원고 학생이 보낸 카카오톡 대화가 발견됐습니다. 지금까지 발견된 카카오톡 문자 가운데 가장 마지막으로 보낸 메시지인데 안내방송에 따라 안에서 대기하던 이 학생은 다음 안내 방송을 기다리고 있었던 것으로 보입니다. …

해양경찰청이 촬영한 영상은 참사 당일에 곧바로 언론을 통해 공개되었다. 이 영상을 경찰에서 언론에게 제공한 것인지, 특정 경로로 언론이 직접 입수한 것인지를 미디어수용자는 알 수가 없다. 참사 다음 날부터

는 구조된 승객이 핸드폰으로 촬영한 영상이 공개되었다. 주로 세월호가 침몰하거나 구조되는 과정에서 촬영한 동영상이었다. 그리고 피해자의 휴대폰에 담긴 메시지와 카카오톡 대화방의 내용을 입수하여 연속적으로 공개하였다. 위 내용은 세월호 참사 관련 많은 뉴스에서 배경 화면과 배경음의 형태로 계속 사용해 반복 재생했다.

또한 새로운 자료가 아니라 기존의 영상과 내용을 재편집하여 다른 보도를 만든 예도 있다. 4월 28일에 방송되었던 보도의 경우는 참사 이후 12일 동안 구조대가 촬영한 활동 장면을 바탕으로 새로운 기사를 제작하였다. 이 영상 보도는 구조대 갑판 위에서 생사의 갈림길에 놓인 피해자가 심폐소생술 응급처치를 받는 긴박한 장면을 그대로 노출했다.

4.28.(참사 이후 13일) 필사의 탈출·필사의 구조…그 순간 그 현장 (고○○/1분38초)

앵커 이렇게 선장과 승무원들이 배를 버리고 떠나는 사이, 탑승자들은 살아남기 위해 사투를 벌여야 했습니다. ○○○ 기자입니다.
기자 시시각각 가라앉는 여객선. 구명조끼를 입고 가까스로 선실을 빠져나온 승객들이 바다에 몸을 던집니다. 난간에 매달려있던 승객이 구조 단정이 도착하자 옮겨 탑니다. 같은 시각 반대편 우현 쪽에선 승객들이 외줄에 몸을 묶은 채 구조를 기다리고 있습니다. 필사의 탈출과 필사의 구조. 물에서 건진 사람들을 구조단정이 경비정으로 실어 나릅니다. 단정에 겨우 매달려 옮겨진 승객들, 온몸이 흠뻑 젖은 채 비틀거리며 경비정에 올라탑니다.
〔녹취〕다친 사람들, 빨리 병원에 가야 됩니다!
기자 이제 배는 완전히 옆으로 누운 상황. 여럿이 해머로 선실 유리창을 부숩니다. 뚫린 창문으로 줄을 내리고 생명줄에 의지해 바깥으로 나온 승객들을 힘겹게 끌어올립니다. 하지만 몇 명 구하지도 못한 채 이내 물속으로 가라앉고, 급히 던진 구명튜브로 물에 빠진 승객 두 명을 추가로 구조합니다.
〔녹취〕자 일단, 일단 올리세요!
기자 어렵사리 구조됐지만 정신을 잃은 승객. 수차례 심폐 소생술을 실시해도 좀처럼 의식을 차리지 못합니다. 다 잠기고 끝부분 남은 세월호. 생사의 갈림길에서 구조선에 몸을 실은 사람은 174명. 세월호는 나머지 승객들을 태운 채 속절없이 가라앉았습니다. …

독일은 참사로 인한 희생자의 발견 위치나 상황을 보도하는 데 있어서 간단하게 피해자의 인원수 정도만 기술하였다. 그리고 사망자의 상태, 이후 수습 과정 등의 내용은 공개하지 않았다.

> 3.25.(참사 이후 2일) 비탄에 빠진 할턴시 (헴○○/5분36초)
> **앵커** 네, 말씀드렸다시피 전체 사망자 수는 150명으로 추정됩니다. …
> **앵커** … 현재 사망자 가운데 50명 정도가 NRW 주민인 것으로 밝혀졌습니다.

> 3.28.(참사 이후 5일) 희생자 추모 (베○○/2분35초)
> **기자** 수색 5일 째입니다. 신원확인을 위해 계속해서 시신을 사고지점에서 실어 나르고 있습니다. …

독일 타 공영방송 보도에서는 추락한 저먼윙스의 블랙박스에 대한 내용을 보도하였다. 그래서 블랙박스의 발견과 그 안에 당시 기내 상황이 녹음되어 있음이 알려졌다. 내용은 조종실 문을 열려는 조종사의 시도, 공포에 질린 승객의 반응 등이었다.

하지만 추락하는 동안의 과정을 알 수 있는 조종실 음성기록 및 기내 상황을 방송으로는 공개하지 않았다.

3.5 참사 희생자 정보 유출

세월호 피해자 관련 보도 중 영상 자막으로 보이는 제목과 본문을 조사하면 참사 이후 1개월 동안 피해자 27명의 실명이 총 43회 노출되었다. 실명이 공개된 대부분 탑승객은 사망하였다. 이 중 유가족을 인터뷰하며 화면상에 이름이 공개된 경우는 비교에서 제외하였다.

참사 당일 4월 16일의 첫 번째 보도부터 사망자 2명의 실명이 바로 공개되었다. 가장 많이 거론된 피해자는 A로 참사 당일부터 참사 이후 23일까지 8개의 보도로 공개되었다. B의 경우는 참사 당일부터 다음날까지 연속해서 4개의 기사에 실명이 언급되었다. 아동 피해자 C는 참사 당일에는 실명이 언급되었으나, 이후 ○살 ○○양으로 변경되어 5개 기사에서 공개되었다. 이 외에 희생자 ○○○ 선생님과 □□□ 선생님은 3개 보도에서 실명이 공개되었다. 그리고 23명의 피해자에 대해서는 사연과 발인 등의 내용을 1~2개 기사에서 보도하였다.

희생자의 실명과 개인 정보가 어떻게 확장되는가는 주요 키워드로 시각화·구조화할 수 있었다. 확장정도가 크다는 것은 개인정보를 빈번하게 유출하여 사생활 보호가 이루어지지 않았음을 반영한다.

8개 기사에서 실명이 언급된 A는 본인 영역, 가족 영역 및 구조 활동 영역에서 개인정보가 세부적으로 공개되었다. 4개 기사에서 언급된 B는 참사가 발생하고 2일 동안 많은 개인정보가 공개되었다. 기자의 주변인 인터뷰 안에서도 개인, 가족, 희생 영역에 해당하는 개인정보가 노출되었다. 5개 기사에서 언급한 C의 개인정보는 가족 영역과 구조 상황 영역에서 공개되었고, C의 가족에 대한 불확실한 사생활 정보는 시민의 인터뷰를 통해 노출되었다.

　세월호 보도에서 실명이 가장 많이 공개된 3인을 분석했을 때 피해자 개인정보가 확장되는 정도를 시각적으로 나타낼 수 있었다. 참사와 관련 없는 정보가 얼마나 불필요하게 노출되었는지 알 수 있다.

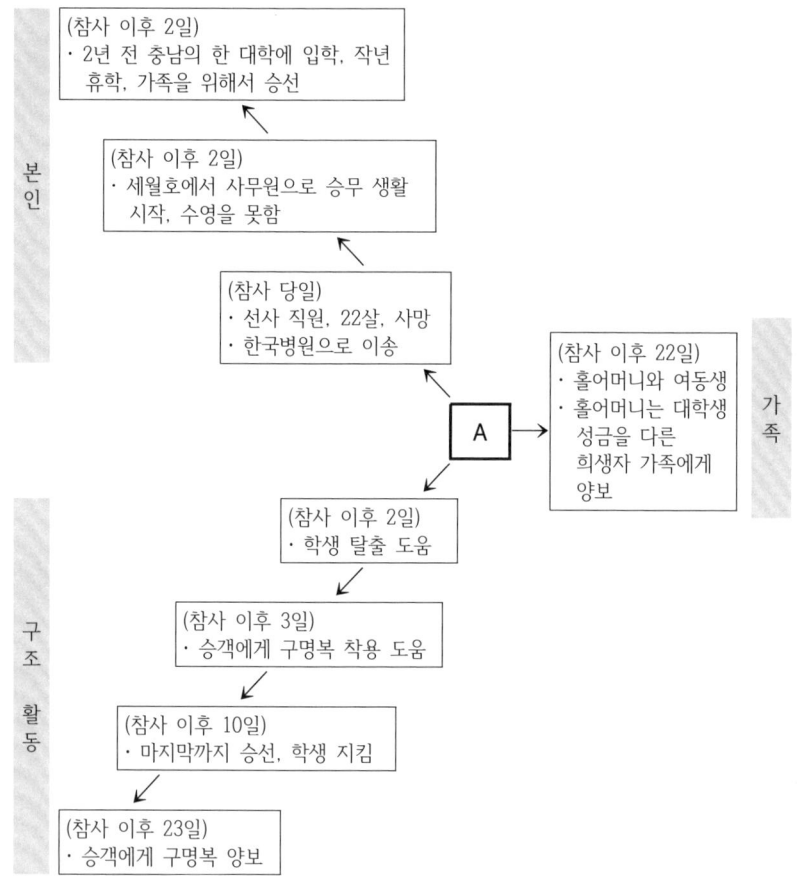

〔그림 5〕 세월호 보도를 통한 희생자 A의 개인정보 확장과 영역

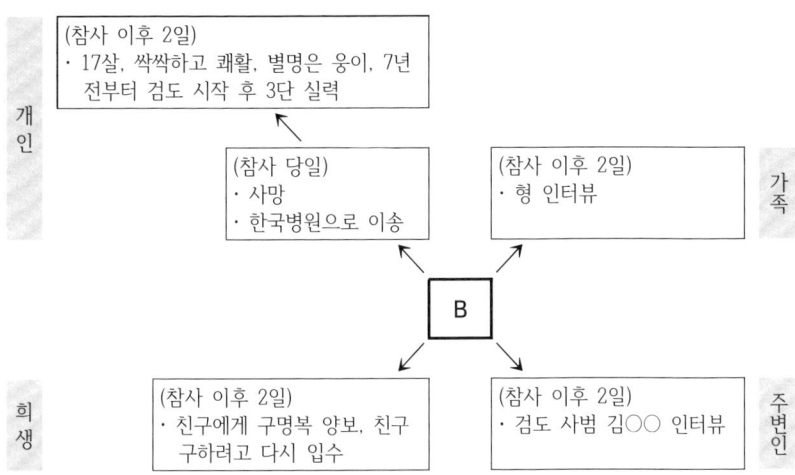

〔그림 6〕 세월호 보도를 통한 희생자 B의 개인정보 확장과 영역

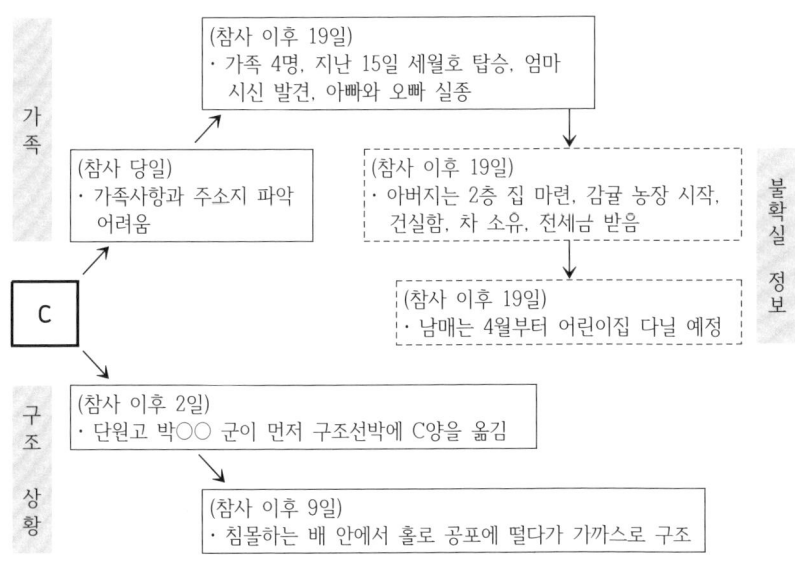

〔그림 7〕 세월호 보도를 통한 희생자 C의 개인정보 확장과 영역

공영방송을 포함한 독일 언론은 참사 취재원이 유명인일 경우를 제외하고는 전체적으로 참사 피해자의 실명과 사진을 공개하지 않았다. 분석을 위한 기사에도 피해자 실명과 유가족 정보가 전혀 없었다.

3.6 참사 유가족 상황과 사연

세월호 참사 보도에서는 부상자, 사망자, 실종자를 포함한 모든 피해자 가족에 대한 많은 보도를 생산하였다. 유가족에 관한 내용으로 방송을 제작한 보도는 최소 42개였다.

유가족이 처한 상황을 여과 없이 공개하는 것은 국내 참사 보도의 부적절한 행태라고 할 수 있다. 보도에서 나타난 세월호 유가족의 상황을 키워드로 표현하면 '울음, 흥분, 오열, 분노, 슬픔, 사연, 안타까움' 등으로 한정할 수 있다. 이러한 주제어 안에서 기사를 제작하였다.

> 4.16.(참사 당일) 단체 탑승 '단원고' 애타는 학부모들 현장으로 (심○○/1분36초)
> **기자** 6시간을 달려 부상자들이 있는 진도 실내체육관에 도착한 학부모들. 다시 울음바다가 됩니다. 구조자 명단을 꼼꼼히 확인했지만 명단에 자녀의 이름이 없자 주저앉아 오열하고 일부는 실신해 병원으로 옮겨졌습니다. 오늘 밤 승선자 가족 십여 명이 사고 해역을 직접 찾은 데 이어 나머지 실종자 가족들도 내일 사고 해역으로 나갈 계획입니다. …

> 4.17.(참사 이후 2일) 사건 발생 36시간, 애타는 실종자 가족…'오열·분노' (김○○/1분33초)
> **기자** 싸늘한 시신이 항구로 실려 올 때마다 너나 할 것 없이 오열을 터뜨립니다. SNS를 타고 퍼진 미확인 생존자 명단은 가족들의 가슴에 상처를 남겼습니다.

기자 사고 선체에 공기 주입이 지연된다는 소식에 탑승자 가족들은 분통을 터뜨리기도 합니다. …… 사고 발생 36시간, 만에 하나 기적을 기다리는 가족들의 눈물이 빗물과 함께 사고 해역을 적셨습니다. …

4.18.(참사 이후 3일) 사고 60시간…애타는 가족들 '비탄 속 반발' (양○○/1분29초)

기자 실종자 가족 수백 명은 진도 실내체육관과 팽목항에서 기적이 일어나길 애타게 기다리고 있습니다. 하지만 시간이 지나도 구조가 이뤄지지 않자 가족들은 구조작업에 대한 불신 속에 비탄에 빠졌습니다. 분노가 절정에 이른 건 오늘 구조대의 선내 진입 성공 소식이 잘못된 정보로 밝혀졌을 때였습니다. …

기자 가족들의 항의는 거셌습니다. 신경이 극도로 날카로워진 실종자 가족들은 정부관계자나 다른 가족 등과 몸싸움을 벌이기도 했습니다. …

4.24.(참사 이후 9일) "보고 싶다 ○○아…" 할아버지의 기다림 (김○○/2분02초)

앵커 구조 소식을 기다리는 가족들에게 고통스런 시간이 흐르고 있습니다. 손자가 실종된 뒤 바다만 지키는 한 할아버지의 24시간, ○○○ 기자가 전합니다.

기자 힘없는 발걸음, 지친 어깨. 결국, 바다 앞에 주저앉고 맙니다. 마른 눈으로 오후 내내 바다만 바라보는 할아버지. 일렁이는 파도소리가 꼭 손자의 울음 같습니다.

〔**인터뷰**〕 ○○○ **(실종 ○○○ 학생 외할아버지)** 뱃소리가 나면 그 배타고 돌아오는 줄 알고 보면, 급히 그 배 닿는 곳이 어딘가 하고.

기자 사고 첫날부터 진도 팽목항에 머문 지 8일째. 71살 할아버지는 몸도, 마음도 지쳐만 갑니다. 하지만, 어릴 적부터 손수 키웠던 하나뿐인 외손자, 기다림을 포기할 순 없습니다. …

세월호 보도에서는 이전과 다른 보도 자료가 없을 경우에 기존의 사진과 인터뷰 등을 바탕으로 기사를 만들었다. 유가족이 처한 슬픔을 극대화하는 내용 또는 이야기를 재구성하여 '사연'으로 보도하였다. 이러한 재구성 기사에는 사실이 아닐 수 있는 추측에 근거한 내용도 포함되었다.

예를 들면 참사 발생 이후 3일에는 희생자 부친의 병환을 토대로 보도를 제작하였다. 4일에는 중국 교포 예비부부 이야기를 아들의 노모 인터뷰를 바탕으로 제작하였다. 참사 이후 7일의 보도에서는 희생자와 유가족의 슬픈 모습 장면을 화면에 두고, '어메이징 그레이스(Amazing Grace)'를 배경음악으로 삽입하여 기자가 시를 읊듯이 보도하였다. 8~9일에는 참사 유가족 중 강 씨 부부가 운영하는 마트가 나왔다. 마트 입구에 붙은 쪽지를 배경으로 기사를 제작하였다. 손주를 양육해 온 외할아버지가 팽목항에서 손자를 기다리는 사연도 보도하였다. 19일에는 제주도로 이주하려던 희생자 가족의 거주가 예정된 곳 지역민을 인터뷰하여 사연 보도로 재구성하였다.

이상은 모두 참사 자체와는 상관없는 희생자 유가족의 슬픔 모습을 연출하고, 부정적인 정서를 극대화하는 보도라고 할 수 있다.

4.22.(참사 이후 7일) 희생자 세자리수…눈물로 맞는 슬픈 재회 (조○○/1분44초)

기자 애타는 기다림이었습니다. 제발 빌고 또 빌었습니다. 깊고 어두운 바다 속 조금만 더 힘을 내다오. 믿을 수 없습니다. 믿고 싶지 않습니다. 환한 웃음 대신, 반가운 목소리 대신 차가운 주검으로 돌아온 말없는 아이들의 낯선 모습들.
아빠는 미안합니다. 부잣집에서 살고 싶다던 딸아이의 철없는 바람을 이제 더는 들어줄 수 없습니다. 엄마도 미안합니다. 용돈 좀 달라며 토라지던 아들 녀석의 치기어린 눈빛도 더는 바라볼 수 없습니다. 한 번만, 단 한번만이라도 기회가 있다면 꼭 말하고 싶었습니다. 사랑한다고. 네가 있어 행복했다고. 맑디맑은 봄날, 환하게 웃으며 떠났던 아이들이 슬픈 눈물로 돌아왔습니다. …

4.24.(참사 이후 9일) "보고 싶다 ○○아…" 할아버지의 기다림 (김○○/2분02초)

앵커 … 손자가 실종된 뒤 바다만 지키는 한 할아버지의 24시간, …
기자 힘없는 발걸음, 지친 어깨. 결국, 바다 앞에 주저앉고 맙니다. 마른 눈으로 오후 내내 바다만 바라보는 할아버지. 일렁이는 파도소리가 꼭 손자의 울음 같습니다. …… 사고 첫날부터 진도 팽목항에 머문

지 8일째. 71살 할아버지는 몸도, 마음도 지쳐만 갑니다. 하지만, 어릴 적부터 손수 키웠던 하나뿐인 외손자, 기다림을 포기할 순 없습니다. …… 시신이 수습되는 밤엔, 더욱 애가 탑니다. …… 자리에 누웠다가도 혹시나 하고 향한 상황실, 살피고, 다시 살피고. …… 누구를 향해야 할 지 모르는 원망만 깊어갑니다. …… 보고 싶다 ○○아. 미안하다 ○○아. …… 대답 없는 손자를 향한 할아버지의 끝없는 기다림이 팽목항을 울립니다. …

5.04.(참사 이후 19일) 막내 남겨놓고 끝내 이루지 못한 '귀농의 꿈' (이○○/1분36초)

앵커 세월호에는 귀농의 꿈을 안고 제주로 향하던 한 가족도 타고 있었는데요. 지금 제주에는 2층 집과 감귤 농장만이 쓸쓸히 남아서 이들 가족을 기다리고 있습니다. …
기자 침몰되는 세월호에서 가까스로 구조된 C. C가족 4명은 지난 15일, 제주로 향하는 세월호에 탔습니다. 감귤을 재배하며 살고 싶은 ○○살 ○○씨의 오랜 꿈을 이루기 위해섭니다.
〔인터뷰〕○○○ **(제주시 ○○읍 ○○리장)** 사전에 이제 그 집도 마련했고요, 과수원을 하고 싶어 했어요. 그 친구는 정도 많고, 아주 아주 건실한 친구였어요.
기자 하지만 C의 엄마는 시신으로 발견됐고, 실종된 아빠와 오빠는 아직도 소식이 없습니다. 이들을 기다리던 이웃은 ○○씨의 차를 볼 때면 가슴이 아려옵니다.
〔녹취〕**제주시민** 이거 한 대 갖다 놓고, 전세 빼가지고 온다고, 해서 올라갔다가 이렇게 된거에요.
기자 부푼 희망으로 가득 찼던 2층 집과 이제 막 농사를 시작한 감귤 농장. C와 오빠, 두 남매가 다니기로 한 어린이집까지.
〔녹취〕○○○ **(어린이집 원장)** 같이 놀이터에서 놀고 했는데, 둘이 오빠가 되게 동생을 잘 챙겨주고, 4월 중순부터 이제 오신다고 하시더라고요.
기자 약속한 시간은 2주 넘게 지났지만 ○○씨 가족은 아직도 제주로 돌아오지 못 하고 있습니다. …

독 일에서는 저먼윙스 참사 유가족이 겪고 있는 상황을 보도하지 않았다. 유가족이 사고 현장으로 향하는 간단한 이동 경로와 당국이 그들을 보호하고 있다는 내용만을 전달하였다. 저먼윙스 유가족과 관련된 언론의 기사 내용에는 '추모, 애도, 보호, 위로' 등의 주요어로 특정하면서 기조를 유지하였다.

> 3.25.(참사 이후 2일) 다음날 뒤셀도르프 공항 (보○○/2분50초)
> **기자** 유가족들은 여객기 추락 현장으로 가거나 아니면 집으로 돌아갈 예정입니다. …

> 3.26.(참사 이후 3일) 첫 번째 희생자 시신 수습 (무○○/2분34초)
> **기자** 유가족들은 오늘 사망자를 확인하기 위해 오전 특별운항기를 타고 프랑스 남부로 출발했습니다. 유가족들은 사고 여객기 추락지점과 가장 가까운 지역에 도착할 것입니다. 다함께 애도할 수 있도록, 그리고 기억할 수 있도록 센 레 잘프라는 작은 마을에는 임시로 작은 추모 경당이 세워졌습니다. …

3.7 참사 2차 피해

참사 희생자와 유가족이 아닌 사람들에 관한 내용을 보도 제작하는 경우에서도 우리나라와 독일 언론을 비교할 수 있다.

두 참사는 모두 고등학교 단체 희생자가 있다는 공통점이 있다. 전체 희생자 중 고등학생 피해자의 비율이 크게 차지하면서 언론과 미디어수용자의 집중 관심을 받았다. 그리고 해당 고등학교의 재학생과 관계자, 지역사회 또한 동시에 취재 대상이 되었다. 분석을 통하여 이로 인한 2차 피해의 정도를 알 수 있다.

[표 10] 세월호 참사 관련 2차 피해 보도 내용

일자	학생	학교	지역사회
4.17. (2일)	・심리적 충격으로 울고 있는 학생	・23일까지 휴교령	・도교육청, 심리상담 전문가 20명 급파 ・정부의 광범위 심리지원 논의
4.18. (3일)	・여자 탁구팀 '슬픈 우승'		
4.19. (4일)	・휴교령에도 학교에 모인 학생 모습 ・휴교령에 2학년 교실을 찾은 학생	・구호물품 강당 도착 ・출장 상담소 운영	
4.20. (5일)	・교내 학생·교사 장례식(운구차, 운구행렬 등) 광경, 재학생 모습		
4.21. (6일)	・교내 학생·교감 장례식(운구차, 운구행렬 등) 광경, 재학생 모습		・주민센터, 유가족 어려움 파악: 생업 포기, 생계비 부족, 전기·수도 끊김, 남은 자녀에게 도시락 전달, 희생자 학생 28명이 기초생활수급 가구원(전국 평균보다 3배 높음) 등 ・시는 사회복지공동모금회와 모금활동 진행 계획
4.23. (8일)			・임시 합동분양소 마련
4.24. (9일)	・교내 장례식(운구차 등) 광경, 재학생 모습 ・교사 인터뷰	・임시휴교 해제, 3학년 수업 시작 ・상담심리치유센터 운영	
4.27. (12일)		・내일부터 1~2학년 등교	
4.28. (13일)		・13일 만에 전체 학년 등교 시작	
5.04. (19일)	・교사 및 졸업생 진도 실내체육관 방문, 유가족에게 인사		
5.15. (30일)		・학생 치유 작업 진행	・도교육청, 시험과 방학 일정 조율 ・경제적 타격 받은 세탁소, 대형 마트, 문화공연 등 소개

세월호 보도에서는 단원고 재학생과 교사, 그리고 학교 자체 및 안산시에 관한 내용이 무분별하게 확대 생산되었다. 단원고 희생자의 장례식은 학생들이 학교에 있는 단원고 교정에서 이루어졌다. 관련 보도에서는 재학생의 모습을 반복적으로 보여주거나, 학년별 재학생과 교사의 등교 여부 및 활동에도 취재가 이루어졌다.

이 중에서 세월호 참사를 단원고 운동부의 경기력과 연관 짓는 보도는 과잉 취재라고 할 수 있다. 그리고 단원고 수학여행에 참여한 일정 비율의 학생이 기초생활수급 가구원이며, 이를 전국 평균과 비교하는 내용의 보도는 참사 피해자에게 다른 이미지까지 부여하였다.

> 4.18.(참사 이후 3일) 단원고 여자 탁구팀의 '눈물의 우승' (김○○/1분29초)
> **앵커** 전국탁구선수권대회에서 우승을 차지하고도 기뻐하지 못한 선수들이 있습니다. 많은 친구들이 아직 물속에 갇혀 있는 안산 단원고 탁구선수들 이야기입니다. …
> **기자** 우승컵을 받아든 학생들. 축하 인사가 오가지만, 오히려 눈물을 터트립니다. 안산 단원고 여자탁구팀 선수들. 배 안에 갇혀 있는 친구들 때문입니다. 선수들은 세월호 침몰소식에 충격을 받아 경기를 포기하려고도 했습니다. 그러나 코치의 설득으로 떨리는 손으로 다시 라켓을 잡은 것으로 알려졌습니다. 울산 대송고를 꺾고 정상에 오르면서 지난해에 이어 2연패를 달성했지만, 우승의 기쁨조차 누릴 수가 없습니다. …… 단원고 선수들은 결승전 직전까지 뉴스를 보며 친구들과 선생님의 비보에 눈물을 쏟았던 것으로 전해졌습니다. 대회 참가를 위해 수학여행을 포기하는 바람에 사고를 피했던 2학년 학생 3명은 더욱 힘들어 했던 것으로 알려졌습니다. 어느 때보다 침통한 경기. 하지만 친구들에게 우승컵을 바치겠다는 일념에서 단원고 선수들은 끝내 '슬픈 우승'을 일궈냈습니다. …
>
> 4.21.(참사 이후 6일) 실종자 가족들, 생업 포기…물·전기 끊긴 가족도 (우○○/1분48초)
> **앵커** … 남아 있는 가정도 문제입니다. 한 실종자 가구는 물과 전기도 끊긴 걸로 조사됐습니다. …
> **기자** 사고 직후 진도로 달려간 실종자 가족들. 집 떠난 지 엿새째,

가정을 돌볼 길이 없습니다. …… 피해가구의 3분의 1이 집중된 안산시 ○○동 주민센터에서는 각 가정의 어려움을 파악 중입니다. 한 가구는 전기와 수도마저 끊긴 것으로 조사됐습니다. …… 당장 실종자 가족들의 남아있는 자녀들을 돌볼 사람이 없다는 것도 문제입니다. 끼니를 거를 수도 있어 안산시에서는 피해학생들의 형제자매들이 다니는 학교로 도시락을 나르고 있습니다. 또 생업을 포기하고 사고 수습에 매달리느라, 생계비가 넉넉지 않은 가구도 있을 것으로 파악되고 있습니다. 이번에 사고를 당한 단원고 2학년 학생 325명 가운데, 28명이 기초생활수급 가구원. 비율로 보면 전국 평균보다 3배 높습니다. …

또한 세월호 이후 안산시의 지역경제 타격을 전달하는 보도는 참사와 관련 없는 또 다른 지역 이미지를 제공하였다. 이는 언론이 보도를 통하여 2차 이상의 피해를 양산하는 n차 가해의 전형일 것이다.

독일에서는 당국이 해당 김나지움과 재학생, 교직원에 대해서 보호와 돌봄 차원으로 접근하였고, 언론 보도도 지역사회에 대한 애도와 위로의 동참을 장려하였다. 그리고 언론에서 2차 피해 방지 대책을 보도하였다.

저먼윙스 보도에서 재학생과 관련된 15개의 기사에는 심리 상담사로부터의 돌봄에 대한 내용이 7번 소개되었다. 학교와 지역사회에 관한 보도에는 참사 애도, 언론 취재로 인한 학생 피해와 조치 등이 있다. 보도 영상이 비추는 모습도 교정에서 촛불을 모아 둔 추모의 장소와 그 주변에서 애도하는 재학생과 할턴 시민의 뒷모습이 원거리에서 담겼다.

〔표 11〕 저먼윙스 참사 관련 2차 피해 보도 내용

일자	학생	학교	지역사회
3.24. (당일)	• 성직자가 학생·교직원 돌봄 • 심리 관련 전문가(상담사)가 학생 돌봄 • 학생·교직원을 위한 임시상담소 개소	• 모든 재학생 귀가 조치 • 학생이 조의를 표할 수 있도록 할 예정 • 계속 등교하되 수업은 미실시	• 시장 인터뷰, 성명 발표 • 주 교육부장관, 김나지움 방문 계획 • 시 전체 충격으로 외부 지원 받는 중 • 미사 봉헌 • 주 의회 기자회견과 일정 중단 • 주 정부청사 조기 게양 • 종교계 아픔 동참 성명발표
3.25. (2일)	• 심리 관련 전문가가 학생 돌봄 • 학생 모두 등교	• 기자의 학생 접근 차단 • 무거운 침묵 속 교정 • 교장선생님 기자회견	• 주 교육부장관, 교장 위로 방문 필요 • 적막한 시내, 슬픔 동참 • 성당에서 시민 기도 • 학생·학교에 대한 언론 취재(인터뷰) 개입 조치 • 시 축구클럽 중장년경기 취소
3.27. (4일)	• 학생·교직원 추모미사 참석 • 심리 관련 전문가가 학생 돌봄 • 학생과 추모미사 참석(의무사항 아님)		• 시 추모미사 거행, 연방대통령 등 참석
4.16. (24일)		• 희생자 기리는 18그루 나무심기 계획	• 시장, 스페인 조문단에 감사 표시

4. 우리 사회 지향점

4.1 보도 패턴 변화

두 나라의 언론 비교를 통하여 피해자 관련 보도는 우리나라가 많은 양의 기사를 생산하였지만, 내용의 심층성에 있어서는 부족하다는 것을 알 수 있다.

1~2분 정도의 길이로 제작한 단편적인 보도는 녹취 또는 인터뷰 내용을 짧게 삽입하는 패턴이 크게 영향을 미치는 것으로 여겨진다. 녹취와 인터뷰는 보도 주제에 대한 전문가의 의견을 해석하거나 설명하여 보도 내용의 질을 높이기 위한 것으로 보기 어렵다. 미디어수용자에게 심층적인 내용을 전달하지 않고, '기자가 얻고 싶은' 내용 또는 보도의 '정해진 기조를 유지'하는 방향에서 필요한 문장만 삽입하였다. 이런 편집이 짧고 단순한 보도 패턴으로 고착되기 때문에 마치 인터뷰 내용이 효과음과 같은 역할을 한다. 그래서 기자는 취재와 인터뷰 자료를 해석하며 내용 안에서 요인의 관련성을 설명하거나 추론하지 않는다. 보도 안에서 필요한 문장을 발췌하기 때문에 미디어수용자의 눈은 기자의 전문성을 의심할 수 있다.

공영방송의 보도 패턴이 이렇게 굳어진다면 공영방송 기자와 직업적으로 언론을 경험하지 못한 또는 언론교육을 받지 않은 인터넷 개인 미디어생산자 간의 질적 차이가 없어질 것이다. 그러므로 재난 공영방송은 신속한 대피 등의 비상 행동을 알리는 내용 외에는 보도의 전달 속도를 중요하게 여기는 '속보', 독자성을 강조하는 '단독' 및 기사의 양을 지양해야 한다. 향후 참사 보도에 있어서는 내용의 정확성과 원인 및 대책 등의 탐사에 집중해야 할 것이다.

세월호 참사 이후 언론에 대한 비판이 거셌고, 언론 스스로도 반성을 하였지만, 정말로 변화하였는가를 점검해야 한다. 국내에서 큰 관심을 끌었던 또 다른 선박 사고는 2019년 헝가리 부다페스트 도나우강에서 발생하였다.

5월 30일(한국시간) 우리나라 관광객이 탑승한 유람선 허블레아니호가 침몰하였다. 사고 당일 KBS 대표 뉴스의 총 26개 보도 중 헝가리 유람선 관련 보도는 19개였다. 그리고 현지 상황과 여행사 브리핑 등의 4개 보도를 제외한 나머지는 1~2분대의 짧은 분량과 비슷한 형식이었다.

이러한 보도 패턴은 참사에만 한정된 것이 아니라 공영방송에 정착한 단편적 보도 유형이라고 여겨진다. 앞으로 1~2분대의 '앵커-기자-녹취(또는 인터뷰)-기자'로 연결되는 짧은 구성의 보도는 미디어교육이 지양해야 할 교육용 자료가 될 수 있을 것이다.

어떤 사건이나 참사가 미디어로 재현될 때 사실을 그대로 반영하기는 어렵다. 사고의 발생 상황도 다르기 때문에 미디어는 객관적이거나 일관성을 유지하기 힘들다. 그래서 사건의 선택, 논증의 구성, 이야기 제작 등의 미디어 제작 과정에 포함되는 요소에 따라 사건·사고와 피해자 집단의 재현에는 차이가 발생한다. 제작에 따른 보도 내용의 차이를 알게 되면 미디어수용자에게 미치는 언론의 영향력을 체감할 수 있을 것이다.

[표 12] 헝가리 유람선 참사 관련 KBS 대표 뉴스의 당일 보도 목록 (* : 3분 이상)

분류	기사 제목 (기자/분량)
피해자	• 헝가리서 유람선 침몰…한국인 7명 사망·19명 실종 (윤○○/2분24초)
헝가리 현장 상황	• 헝가리 유람선 사고 현장 수색 상황은? (양○○/5분19초) * • 유속 빠른 다뉴브강…구조대, 하류로 수색 확대 (정○○/1분47초) • "표현 안 될 만큼 무거운 마음"…헝가리 교민들도 충격 (김○○/1분49초) • "7초 만에 침몰"…구조자·목격자가 증언하는 사고 상황 (유○○/1분36초) • 이 시각 다뉴브강…헝가리 유람선 사고 현장 상황은? (양○○/5분42초) *
사고 과정 및 원인 규명	• 유람선 추돌에서 침몰 직전까지…당시 영상 공개 (이○○/1분50초) • 강풍 속 대형 선박이 후미 '쾅'…사고 상황 재구성 (기○○/1분10초) • "구명조끼 요청해도 없다는 말 뿐"…안전규칙 설명없어 (오○○/2분09초) • 구명조끼 안내 없는 유람선 관광…여행사 몰랐나? (박○○/1분53초) • 인명 피해 왜 컸나…높은 강 수위·빠른 유속·낮은 수온 (서○○/1분42초) • 유람선 출발부터 추돌까지…항로 사이트로 본 사고 상황 (양○○/1분49초) • 70년된 소형 선박 '인어 호'…안전문제 없었나? (이○○/2분34초) • '인기코스' 다뉴브 야간 투어…"한국 관광객, 영세 업체 이용" (장○○/1분55초) • 헝가리 언론 "명백한 인재"…선박들로 뒤엉킨 다뉴브 (이○○/2분02초)
국내 대응	• 긴박한 청와대…문 대통령 "외교 채널 총동원 신속 구조" (김○○/2분06초) • 여행사 사고 브리핑…"가족들 출국 등 지원 준비 완료"(오○○/5분16초) * • 비상대응팀 현지 급파…가족들 내일 새벽부터 출발 (이○○/1분49초) • 강경화 장관 헝가리 급파…신속대응팀 증원 '구조 총력' (김○○/3분34초) *

4.2 참사 상황 보호

우리나라 언론은 심각한 범죄와 사건, 참혹한 사고 등에서도 피해자가 경험한 것을 시청자에게 생생하게 전달하고 있다. 참사 보도가 아니라도 피해자의 권리가 보호받지 못한다. 동시에 이런 자극적인, 때로는 끔찍한 보도를 접하는 미디어수용자도 심리적 피해를 입는다.

신문사를 모태로 하는 어느 방송국은 노동 현장에서 사망한 이○○의 사고 영상을 2021년 5월 7일부터 반복적으로 공개하였다. 사고 순간의 장면을 보여주었기 때문에 시청자로부터 영상이 선정적이라는 비판을 받았다. 5월 13일 뉴스에서 앵커는 비판에 대한 응답으로 보도국은 '피해자 중심주의'에서 판단하여 공개했다고 밝혔다. 다른 방송국의 경우에도 유사 보도를 생산하면서 유가족의 동의를 얻었다고 알렸다.

그러나 극도로 흥분되어 스트레스를 받은 유가족에게 동의를 받는 취재 행위, 그 자체가 윤리적인 문제가 될 수 있다. 또한 피해자는 자신의 죽는 모습이 불특정 다수에게 공개되는 것을 원할까? 특히 사자의 명예에 대해 언론계의 논의가 필요하다.

민감한 사진과 영상이 공개되는 것은 항상 언론의 윤리적 논쟁이었다. 명시적으로 사진에 대한 공개가 이루어진 기아 지역의 취재, 전쟁 현장 보도 등에서 알려진 자료는 미국 퓰리처상(Pulitzer Prize for Feature Photography) 등을 수상하며 세계적으로 유명해졌다. 그러나 그와 동시에 비난받는 경우도 발생하였다. 사진기자 C○○는 1993년 남아프리카공화국에서 굶주린 아이의 사진을 촬영하였다.[1] 이 사진은 1993년 3월 26일 뉴욕타임스에 게재되어 전 세계적으로 알려졌다. 사진이 유명해진 후 아이를 촬영한 사진기자가 아이에게 취한 적절한 행동도 공개되었다. 하지만 독자의 항의와 비난은 이어졌고, 기자는 다음 해에 스스로 생을 마감하였다.

특히 재난과 전쟁 지역의 사진과 영상은 더 언론의 윤리적 주의가 필요하다. 취재원이 아이와 성적 취약자인 경우에는 개인정보 보호에 대한 각별한 촬영 보도지침을 준수해야 한다.[2]

---

1 '독수리 소녀'로 알려짐.

그러나 세월호 참사로 이미 희생된 학생의 정보는 아직도 인터넷과 미디어에 많이 노출되어 있다. 남아 있는 피해자의 이미지 정보가 미디어수용자와 피해자 사이의 심리적·사회적 거리를 줄여줄 수는 있지만, 이미 문제로 지적되었기 때문에 비윤리적이다. 기자는 피해자 개인에 관한 사진이 아니라 공정한 관찰자(detached observers)의 입장에서 보도 자료를 만들어야 한다.3 기자는 유가족의 정보와 사진이 참사 이후의 삶에 미치는 지속적인 영향을 생각해서 신중하게 취재해야 한다.

미디어수용자는 언론이 유가족의 모습을 보도하는 것을 관음증(voyeurism)에 빗대어 비판하기도 한다. SNS 이용자는 언론이 충격적이고 자극적인 사진과 영상을 공개하는 것에 대해서 일종의 순수하고(pure), 무감각한(insensitive) 관음증을 유발하는 것으로 본다.4

참사 보도는 위험에 대한 안전거리를 유지한 상태로 미디어수용자가 재난을 엿보고 간접적으로 경험할 수 있도록 한다. 이런 보도는 어떤 관음증을 촉진하기 때문에 재난과 결과(재해)에 대한 일종의 공공 면역력을 만든다. 보도를 접하는 동안 미디어수용자는 참사에 대한 자각과 의식이 높아진다. 하지만 관련 보도가 끝나면 사건에 대해서 잊어버리는 결과를 낳는다.5

디지털 세상이 발달한 우리나라에서 SNS와 유튜브 등을 접하는 것은

---

2 UNCG (2016). *Ethical Guidelines for Journalists*. Afghanistan: The United Nations Communications Group. / 9~13쪽 참고
3 Pantti, M. (2018). Crisis and disaster coverage. *The International Encyclopedia of Journalism Studies, Online*. 10 October 2018. / 5쪽 참고
4 Barrabi, T. (2015.03.24.). Photos of Germanwings Flight 9525 crash victims' grieving friends, family raise journalism ethics questions. *International Business Times*.
5 Scraton, P. (2003). Disasters, reporting of. In D. Johnston (Ed.), *Encyclopedia of international media and communications, Volume 1* (pp.419~429). Elsevier Science.

일상이 되었고, 의사와 상관없이 타인의 행위를 보는 것은 자연스럽다. 그래서 우리는 모두 관찰자의 시선과 행동으로 사회적(social) 관음주의를 자연스럽게 학습해 나가는 것인지도 모른다. 지진, 열차 사고, 내전 등의 재난에서도 피해 상황을 배경으로 자기 얼굴을 찍는 핸드폰 셀카(selfies)도 문제를 만드는데 이미 자기-관음증(social-voyeurism)이 생활화한 것이다.

무방비로 언론과 인터넷을 통해 노출된 취재원(피해자, 유가족 등)의 참사 이후의 삶은 완전히 망가지거나, 생활 자체가 달라질 수 있다. 참사 보도에서 피해자를 취재할 때 주의가 있어야 하는 이유이다. 희생자를 기억할 수 있는 이미지와 영상, 그리고 참사 피해와 무관한 자료가 과잉 제작되는 것은 아닌지 판단해야 한다.

저먼윙스 피해자의 이미지를 독일 공영방송에서 노출하지 않은 분명한 이유는 언론이 독일언론위원회「언론인 공무 원칙」을 준수하고 있기 때문이다. 서유럽 사회는 타인의 피해를 암묵적으로 보호한다. 스포츠경기에서 큰 부상을 당한 선수에 대해서도 치료 장면이 노출되지 않도록 하고, 길에서 쓰러진 사람이 있어도 구급차가 도착하면 가려진다.

출판물과 언론의 사진과 영상 관련 윤리적 기준은 더 엄격해야 한다. 희생자와 유가족에 대한 장면을 어디까지 공개할지에 대한 보도의 취재기준을 만들고 지켜나갈 필요가 있다. 우리 사회는 피해자와 주변에 n차 가해를 진행하기 때문이다. 이것이 독일과 한국 언론의 성숙함 차이를 보여주는 것이다.

참사 보도의 이유는 재난·사건·사고의 원인과 해결, 예방 등의 이유도 있지만, 인간적으로 참사와 피해자에 대한 애도와 추모를 위한 일이다.

4.3 참사 희생자 보호

참사 희생자의 실명 공개 여부는 사고 수습을 위한 중앙과 지방정부의 재난본부나 경찰청 등에서 결정해야 할 일이다. 반드시 공식적인 브리핑 등을 통해서 이루어져야 한다. 이 문제는 정부의 사고 수습 절차 중 하나로 재난본부의 역할이 되어야 한다.

언론이 개인의 정보를 활용하여 확대·가공하는 보도에서 사건의 본질과는 다른 내용을 공개하는 것은 후속 피해를 양산할 수 있다. 세월호 뉴스에서는 많은 양의 단편 보도를 생산하였다. 그리고 피해자의 개인정보를 활용하여 가공하거나 확대하는 보도도 제공하였다. 이러한 보도는 참사 피해자의 주변인 등으로 피해가 커질 수 있다. 예를 들면 단원고 학생의 일부는 기초생활수급 가구원이며, 전국 대비 비율을 공개한 보도가 있었다.

> 4.21.(참사 이후 6일) 실종자 가족들, 생업 포기…물·전기 끊긴 가족도 (우○○/1분48초)
> **기자** … 또 생업을 포기하고 사고 수습에 매달리느라, 생계비가 넉넉지 않은 가구도 있을 것으로 파악되고 있습니다. 이번에 사고를 당한 단원고 2학년 학생 325명 가운데, 28명이 기초생활수급 가구원. 비율로 보면 전국 평균보다 3배 높습니다.

참사와 직접 관련이 없는 주변, 학교, 지역사회 등의 추가 보도는 선행 내용을 재구성하거나 재가공하는 언론의 제작 행위 때문에 발생한다.

독일에서는 유가족이 모이는 장소에 언론 출입을 금지하였다. 피해자 보호에 연방정부 및 주정부가 개입하고 있다. 정부나 사고 대책본부에서 마련한 집결 장소로 유가족이 도착하기까지 그들을 보호하고, 언론과의 접촉도 막아주고 있다.

독일 공영방송의 보도에서는 참사 유가족이 특정 장소의 문 앞에서 신원 확인 후 안으로 들어가는 옆과 뒷모습만 노출되었다. 이후의 유가족 모습은 더 이상 공개되지 않았다. 유가족 집결 장소 앞 언론사 카메라도 그 모습까지만 보여주었다. 언론이 경쟁적으로 참사 피해자와 유가족에게 접근하지 않는 독일 뉴스는 우리나라와 비교된다.

저먼윙스 희생자 중 부부 오페라가수와 자녀가 있었는데 이 경우는 보도를 통해 실명이 공개되었다. 기사 내용 안에 사진을 삽입하여 얼굴을 공개하였고, 현재에도 인터넷 검색을 통해서 일간지 기사를 볼 수 있다. 독일언론위원회의 「언론인 공무 원칙」에 있는 일종의 예외 사항으로 유명인에 대한 정보공개가 명시되어 있다.

> 독일언론위원회 「언론인 공무 원칙」 8항 인격보호 8.2 피해자 보호(Opferschutz)
> 피해자의 신원은 특별한 보호가 필요하다. 사고 또는 사고과정을 이해하는 데 피해자 신원은 부적합하다. 피해자, 그의 가족, 기타 권한 있는 사람이 동의했거나 피해자가 공인인 경우에는 이름과 사진을 공개할 수 있다.

세 월호 참사 후에 우리나라에서는 참사 피해자에 대한 개인정보를 활용한 보도가 사라지고 있을까? 2020년 4월 경기도 이천시 공사장에서 큰 화재가 발생하였다. 한 익스프레스 남이천물류센터 화재로 38명이 사망하였다. KBS는 희생자 및 유가족에 얽힌 사연을 보도하거나 포함하면서 개인 신상에 대한 정보도 노출하였다.

4.30.(화재 이후 2일) "무작정 찾아왔는데, 아들 차만 남았네요"…안타까운 사연들 (이○○/2분 17초)

5.01.(화재 이후 3일) "부검하려는 줄도 몰랐어요"…배려없는 절차에 유족 항의 (오○○/2분08초)

　우리는 왜 언론, 특히 방송을 통해서 희생자와 유가족의 사적인 정보를 알아야 하고, 그들의 고통스러운 모습을 시청해야 하는가?

　국내 보도 행태는 보도로 인한 인권침해 발생 요인에서 소수자와 약자에 대한 이해가 부족하고, 기자의 낮은 인권 의식과 직업 윤리를 보여 준 것이라고 할 수 있다.6 2019년 9월 조○○의 자택 압수수색 당시 현장을 취재하는 다수 기자는 아파트 출입구에서 대기 중이었다. 기자들은 자택으로 점심식사를 전달하고 나온 배달원에게 '어떤 메뉴였는지, 몇 그릇을 주문했는지' 등의 잡담과 같은 내용을 경쟁적으로 취재하였다. 이들의 생생한 취재 모습은 개인 미디어생산자의 영상을 통해 인터넷에 고스란히 노출되었다. 그 동안 사건과 관련이 없는 내용을 취재하는 언론의 모습을 보지 못했던 미디어수용자는 당황스러웠다. 당시 주요 언론사의 기자가 보여 준 취재 행동은 우리나라 언론 역사에 오래도록 남을 수치스러운 장면일 것이다.

　언론이 희생자와 유가족의 개인정보를 입수해서 유출하고, 안타까운 사연을 보도의 소재로 삼는 이유는 더 조사할 필요가 있다. 또한 언론과 기자가 참사와 직접적으로 관련 없는 내용을 취재하는 이유에 관한 연구도 필요하다. 세월호 참사 피해자 관련 보도에서 반복 노출되었던 희생자의 핸드폰 메시지와 카톡 내용, 그리고 사진과 동영상은 참사 다음 날부터 불특정 경로를 통해 입수되어 보도되었다. 언론이 이러한 정보를 입수하는 데 불법적이거나 또는 윤리에 반하는 행위가 있었는지에 대해

6　국가인권위원회 (2013). **주요 언론의 인권보도준칙 준수 실태조사**. 서울: 국가인권위원회. / 5~10쪽 참고

조사할 필요도 있다. 입수한 정보를 직접 유가족에게 받은 것인지, 합동 수사본수에서 공식적으로 배포한 자료를 취득한 것인지 등을 알아보는 보도 또는 연구도 있어야 할 것이다.

언론은 보도를 통해 시청자의 '알권리'를 존중한다고 말하지만, 우리 사회는 참사 희생자와 유가족을 애도하고, 피해자를 존중하는 방향으로 나아가야 할 것이다. 추가적으로 참사 유가족에게는 언론 대응과 관련한 교육이 제공되어야 한다. 유가족이 피해자 신원과 사진 등 자료를 언론에 전달할 때의 유의사항과 피해자 권리 등의 내용이 교육에 포함되어야 한다. 이러한 교육이 전 국민을 대상으로 이루어진다면 이상적일 것이다.

4.4 참사 유가족 보호

두 참사 보도의 비교를 통하여 언론이 피해자를 보도하는 기조를 알 수 있었다. 세월호 희생자와 유가족에 대한 국내 언론의 전체적인 보도는 '울분과 오열', '슬픔과 분노', 그리고 사연 중심의 '안타까움' 등을 키워드로 사용하면서 정서적으로 부정적인 분위기를 유지하였다. 사진과 영상은 수위를 넘어 자극적이고, 더 충격적이었다.

세월호 참사 이전에도 재난 상황을 취재하는 보도에서 선정적인 문구, 긴장감을 높이는 음악, 그리고 자극적인 표현이 지적되었다.[7]

---

[7] 백선기, 이옥기 (2013). 재난방송 보도에 대한 국가별 채널 간 보도태도의 비교연구: KBS, NHK, CNN의 일본 대지진 방송보도에 대한 내용분석을 중심으로. **한국언론학보, 57(1)**, 272~304. /

독일은 유가족 '보호와 위로', 참사의 '애도와 추모'라는 일관성 있는 보도를 유지하였다. 피해 유가족이 보호받고, 참사를 조용하게 애도하는 것이 유가족을 돕는 일이다.

취재를 위해서 언론이 유가족에게 접근하고, 사연으로 희생자를 회상시키고, 참사로 인한 슬픈 모습을 공개하는 것은 가족을 잃은 이후의 삶도 살아가야 하는 유가족에게 큰 고통을 안긴다. 고난의 시간을 연장해서 참사를 받아들이는 일은 더 힘겹기 때문이다.

독일 입장에서 저먼윙스 참사는 전 세계의 미디어를 집결시키는 일이었다. 프랑스 검찰은 추락사고가 발생한지 3일 만에 부조종사의 고의 추락 가능성을 공개적으로 발표하였다. 이 충격적인 뉴스로 부조종사의 일상 사진과 개인사가 인터넷을 통해 공개되기 시작하였다. 부조종사가 거주했던 마을에는 독일과 외국 기자들이 몰려들었고, 주민들은 경쟁적인 취재로 고통 받았다.

예상하지 못한 사실은 언론의 보도 기조도 변화시킬 수 있다. 독일 일간지 〈빌트(Bild)〉는 사건 발생 초기에는 사실에 근거한 보도를 하였으나, 프랑스 검찰의 충격적인 폭로가 나온 후에는 보도의 분위기가 달라졌다. 부조종사의 이름을 경멸적으로 부르거나, 개인과 관련한 선정적인 내용을 기사로 작성하면서 보도 프레임 정렬(frame alignment)이 달라졌다. 이와 비교하여 독일 시사 주간지 〈포커스 온라인(Focus online)〉은 충격적인 사실의 새로운 뉴스가 나오기 전과 이후의 보도 프레임이 일정했다. 모든 보도에서 출처를 명시하였고, 참사에 대한 사실 보도에서는 저먼윙스 항공사 관계자나 참사 조사 책임자의 진술 등을 참고하였다. 결과적으로 〈포커스 온라인〉은 사실에 근거한 객관적인 보도의 일관

300쪽 참고

성을 유지하였다.[8]

독일에서는 부조종사에 대한 단행본도 출간되었다. 세부적인 내용으로 참사 발생 배경과 부조종사 개인에 대한 이해를 포함하였다. 이 책의 내용에서 출판물의 윤리적 문제는 없었다. 대체로 저먼윙스 참사와 관련해 독일 언론의 취재 행동은 윤리적으로 바르다는 평가를 받았다.[9]

취재 행동과 기사의 텍스트에서는 독일의 경우 피해자를 보호하고, 취재원을 배려하였다. 그리고 독일 공영방송은 외국 언론의 경쟁적인 취재가 가열되는 것을 비판하였다.

그러나 우리나라 언론은 시청자의 비판이 커지면서 유가족의 언론에 대한 요구를 '수용'하는 자세를 취하였다. 세월호 참사 1개월 이후에는 기자가 보도 과정 중 느끼는 피해자 중심과 권력자 중심 보도 사이의 갈등에서 후자를 인정하는 내용을 보도하였다. 하지만 기자가 느끼는 권력자 중심 보도의 원인을 언론 스스로의 책임이 아닌 현장 상황 때문으로 돌렸다.

5.15.(참사 이후 30일) '대통령 부각·유족 소홀' KBS 보도 반성합니다 (유○○/1분56초)
기자 참사 이튿날 박근혜 대통령이 진도 실내체육관을 방문했을 때 실종자 가족들의 절박한 하소연이 쏟아졌습니다. 하지만 KBS ○○ 뉴스에서는 구조작업에 대한 문제 제기는 들을 수 없었습니다. …… 박수 소리가 강조됐다는 지적에 대해 KBS는 현장음 상태가 나빴기 때

---

[8] Le Roux, M. (2017). *Media and crisis communication: Do frames align in cases of extraordinary crises? A qualitative analysis of FOCUS online and Bild's coverage of the 2015-Germanwings airplane crash.* Unpublished master thesis, Jönköping University in Sweden. / 38~39쪽 참고
[9] Rosenberger, L. (2016). *Ethik im Journalismus am Beispiel der Germanwings-Katastrophe: Wie weit sollten Medien in der Berichterstattung über den Co-Piloten gehen?* AV Akademikerverlag.

> 문이며, 의도적인 건 아니라고 밝혔습니다. 대통령의 대국민 사과는 보도한 반면 이를 받아들일 수 없다는 유가족 기자회견은 9시뉴스에서는 다루지 않았습니다. 유가족이 제기한 구조작업 검증도 마땅한 방법을 찾지 못했습니다. …

기자의 관행적 행동과 취재에서의 심리적 갈등은 언론 윤리에 영향을 미친다. 언론 관행과 기자의 갈등으로 취재 활동을 바르게 하지 못하면 객관적인 보도를 할 수 없기 때문이다. 기자의 관행으로 인한 비윤리적 취재·보도 행위는 우리 사회의 기업 문화를 포함하는 융합적 접근으로 연구해야 할 것이다.

비교를 통해 참사 피해자를 잘 보호하는 독일 언론의 윤리적 취재를 알 수 있었다. 우리에 비해 독일의 언론 윤리가 비교적 잘 지켜지는 이유에는 사회적 합의와 과정이 있었을 것이다. 독일은 현재에도 2차 대전에서 이루어진 비인권적 전쟁범죄를 밝히고, 단죄하고 있다. 때문에 '인권'과 관련된 사회적 태도가 더 성숙할 것으로 추측할 수 있다. 그러나 독일 또한 사건의 10대 피의자가 경찰에 호송되는 장면 노출 등으로 피의자 인권 보호 문제에 대한 사회적 논의를 이어가고 있다.

4.5 참사 2차 피해 방지

지금처럼 우리나라 언론 보도가 계속 유사한 내용을 단편적으로 반복하면 미디어수용자는 자극적·충격적인 내용을 연속 학습해 기억하게 된다. 따라서 시청자도 분노와 흥분, 오열과 슬픔 등을 경험한다. 이후에는 유사한 재가공 단편 보도가 미디어수용자에게 피로감을 줄 것이고, 점점 참사에 관한 보도를 외면하고 거부하게 된다.

결국 언론의 반복 단편 보도는 참사에 대한 관심을 소멸시켜 이후 공개되는 사고 원인 규명과 관련자의 법적 판결 등에 대해서는 주의를 감소시킬 수 있다. 연이어 발생하는 참사를 통한 반복(루틴)은 결과적으로 미디어수용자를 수동적으로 만들 수 있다.

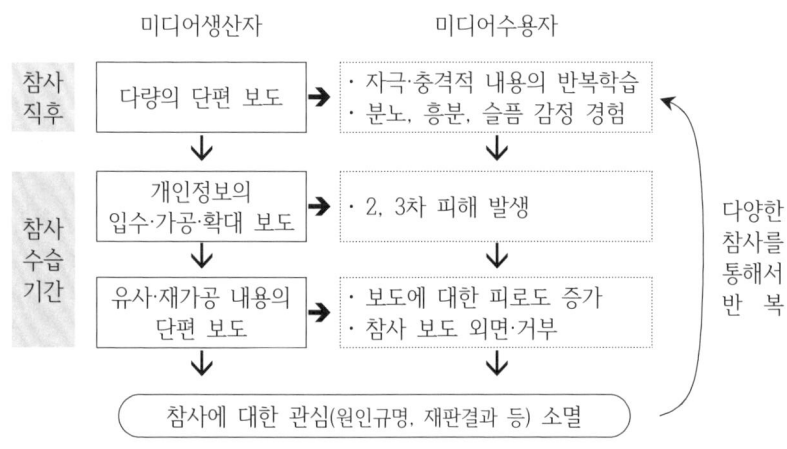

〔그림 8〕 국내 언론의 참사 관련 보도 생산·소비 과정과 결과

참사를 보도하는 언론 프레임, 그리고 미디어수용자가 보도에 대응하는 심리적 루틴이 암묵적으로 정착된 것은 아닐까? 변화 없이 계속 반복되는 우리나라 언론의 취재·보도 행위는 언론의 참사 보도와 취재 관행의 전형적 예제 문제로 두고 교육적 차원에서 활용해야 한다. 미디어리터러시 측면에서 보도 패턴을 모방하고 문제점을 발견해서 더

나은 보도를 만드는 경험을 한다면 이 또한 긍정적일 것이다.

　미디어 정보가 쏟아지는 시대에서 우리는 걸러지지 않고 접하는 자극적이고 충격적인 보도를 시·청각적으로 받아들이며 살고 있다. 개인이 필터링을 하는 것이 불가능할 정도로 인터넷에 내맡겨진다. 그렇게 참사 피해도 미디어수용자의 눈과 귀를 공격하듯이 전해지기 때문에 어느 정도는 참사를 관망하는 문화에 익숙해 있다. 보고 싶지 않아도 보게 되는 참사는 무감각한 응시의 대상이 될 수 있다. 이로 인해서 관찰 대상에게 공감하는 것이 아니라 쾌락적으로 소비할 우려도 있다.[10]

　인터넷에서 참사 피해자 또는 유명인의 불행은 쾌락을 넘어 놀이 문화로 발전하였다. 카페와 밴드, 단체 대화방에서 벌어지는 문자 놀이의 공격성은 이제 모두 알 것이다. 방송 또한 특정인의 이미지를 보도화면에 삽입해서 내보낸다. 이후 시청자의 지적과 비판이 공론화하면 사과방송을 한다. 주류 언론의 매우 우려스러운 행태가 아닐 수 없다. 언론은 미디어수용자를 어떻게 바라보고 있는가? 인터넷을 접하며, 그리고 그 안에서 살아야 하는 모두가 고민해야 한다.

　언론에 대한 비판과 지속적인 관심은 우리나라 언론이 참사 피해자의 인권을 보호하며, 성숙한 미디어생산자가 되도록 하는 데 긍정적인 영향을 미칠 것이다. 법과 규제를 통해서 강하게 언론 표현의 자유를 강요하는 것은 미디어생산자와 소비자에게 상호 바람직하지 않다. 지속적인 관심으로 시민과 언론이 소통하면서 국내 언론이 긍정적으로 발전할 수 있도록 지원해야 한다.

---

[10] 남궁협 (2018). '타자의 고통에 대한 응답'으로서의 커뮤니케이션, 그리고 언론의 역할. 한국언론정보학보, 91, 41-75. / 71쪽 참고

5. 성숙한 사회를 위한 결론

5.1 절제 보도

세월호 참사를 통하여 언론은 많은 양의 보도를 생산하였다. 언론이 제작한 영상 보도는 주요 방송국의 인터넷사이트에서 지금도 모두 시청할 수 있다. 보도 영상은 원본과 제작 영상으로 구분한다. 미디어수용자가 뉴스를 통해서 보는 영상은 원본으로 만들어진 제작 영상이다. 한국영상기자협회에서는 원본과 제작 영상을 '보도 영상 자료'로 정의하고, 이 자료는 역사적 의미를 갖는 '공적 기록물'로 적시하였다.[1] 언론이 만든 공적 기록물로의 세월호 보도는 그래서 앞으로도 비판의 모델이 되어야 하고, 미디어리터러시를 위한 참고 자료가 되어야 한다.

우리는 세월호 보도를 통해서 참사 희생자와 유가족을 대하는 국내 대표 언론의 대응과 보도 기조를 알 수 있었다. 피해자에 대한 자극적·충격적 내용 보도가 세월호 참사 이후에도 나타나기 때문에 미디어수용자로서 언론의 절제된 취재와 보도에 대해 요구할 수 있어야 한다.

---

[1] 한국영상기자협회 편저 (2021). **2020 영상보도 가이드라인**. 서울: 커뮤니케이션북스. / 164~165쪽 참고

참사가 일어난 후 우리는 희생자와 유가족의 참담한 모습을 보는 것에 익숙하다. 미디어수용자 중에는 불행한 사람의 모습을 보고 싶을 수도 있다. 그들에 대한 동정과 공감하고 싶은 마음 때문일 것이다. 고통을 당한 사람에 대한 동정심은 우정과 같은 순수한 인간의 마음이다. 그러나 이러한 동정심 또한 타인의 불행이 선행되었을 때 느끼는 감정이기 때문에 인간 본성의 수치스러운 부분일 수 있다.[2]

세월호 참사 보도에서 우리나라의 모든 언론 또한 참담한 모습을 보여주었다. 특히 유가족의 모습에 대한 과잉 보도는 언론사에 부끄러움으로 남아야 하는 사건이다. 언론인의 지침사항이 있고 준수해야 하지만, 언론이 먼저 희생자와 유가족을 보호하지 않았다. 현장에서 취득한 유가족의 모습과 소리는 기사 내용에 활용되었으며, 유가족의 억울한 호소를 기사에 삽입하여 보도하였다.

> 4.30.(참사 이후 15일) 단원고 유가족 대책위 "성금은 장학금으로 기탁" (임○○/1분34초)
> **기자** … 유족들은 그러나 지금 당장 급한 것은 진도 현지의 실종자 아이들이라며 관심을 모아줄 것도 당부했습니다.
> 〔녹취〕 ○○○ **(유가족)** 팽목항에서 울부짖고 있는, 사람 꼴이 아닌, 그 모습을 여러분은 내주셔야 합니다. 그 모습을 여러분들은 국민들에게 보여주셔야 합니다.

언론은 잠시 미디어수용자의 비판을 받아들였으나, 참사와 유가족 탓에 의한 수용적 자세였다. 참사 보도를 시청하는 미디어수용자가 지적한 내용과 유가족이 언론에 요구하는 부분을 언론이 보도하지 않은 것을 인정한다는 의미였다. 독일 언론에서 보여준 인권 보호의 부

---

2 Saint Augustine (Augustine of Hippo) (2006). **고백록: 젊은 날의 방황과 아름다운 구원** (정은주 역). 서울: 풀빛. (원저 397~400년 저술) / 39쪽 참고

분과 외국 언론의 행태를 보며 언론 스스로 자성하는 것과는 다르다. 국내 언론은 유가족의 지적과 요구에 대한 마지못한 수용이었다.

> 5.15.(참사 이후 30일) '대통령 부각·유족 소홀' KBS 보도 반성합니다 (유○○/1분56초)
> **앵커** 공영방송이자 재난방송 주관방송사인 KBS에 대한 비판은 더 날카로웠습니다. 최선을 다했다고는 하지만, 아쉬운 점도 적지 않았기 때문입니다. KBS는 이런 비판과 지적을 겸허히 받아들이고자 합니다. …
> **기자** 참사 이튿날 ○○○ 대통령이 진도 실내체육관을 방문했을 때 실종자 가족들의 절박한 하소연이 쏟아졌습니다. 하지만 KBS ○○ 뉴스에서는 구조작업에 대한 문제 제기는 들을 수 없었습니다. …… 박수소리가 강조됐다는 지적에 대해 KBS는 현장음 상태가 나빴기 때문이며, 의도적인 건 아니라고 밝혔습니다. 대통령의 대국민 사과는 보도한 반면 이를 받아들일 수 없다는 유가족 기자회견은 ○○ 뉴스에서는 다루지 않았습니다. 유가족이 제기한 구조작업 검증도 마땅한 방법을 찾지 못했습니다. …
> 〔인터뷰〕 ○○○ **(세월호 사고 대책위원회 대변인)** 보도가 그렇게 나올 때 정말 심한 배신감을 느끼는 거죠. 아무리 이야기해도 어 어느 누구도 들어주지 않고 알려지지도 않고 …
> **기자** KBS 보도본부 간부와 기자들은 조만간 세월호 보도를 되돌아보는 토론회를 열기로 했습니다. …

저먼윙스 보도에서는 언론의 취재를 통해 유가족과 김나지움 학생을 보호하고, 언론 스스로가 취재 행위를 제한하기도 하였다. 독일 시민과 언론은 경쟁적으로 과열된 취재를 하는 외국 언론을 비판하고 있다.

> 3.24.(참사 당일) 할턴 김나지움의 희생자 학생들 (알○○/5분01초)
> **기자** … 사망자의 직계 가족과 같은 학교 학생 및 학교 교원은 현재 성직자들이 돌보고 있으며, 이들에 대한 언론 보도나 취재는 금지된 상태입니다. …
>
> 3.25.(참사 이후 2일) 추락사고 다음날 할턴 (헴○○/7분18초)
> **기자** 어느 누구도 유가족들이나 학생들에게 접근하지 못하도록 기자

회견은 시청에서 열렸습니다. 거의 대부분의 기자는 이러한 결정을 존중하고 있습니다.

4.17.(참사 이후 25일) 추락사고: 슬픔만 남겼나, 아니면 불안함까지 남겼나? (특집방송/28분 38초)

나레이션 사고 다음 날에는 전 세계에서 온 취재차량이 학교 앞을 가득 메웠습니다. 교정 계단을 가득 채운 촛불의 물결은 생중계를 하면서 배경화면으로 쓰기에는 딱이었습니다. 심지어 어떤 기자는 집집마다 문을 두드리며 시민들에게서 직접 정보를 캐내려고 까지 했습니다. 그것도 돈까지 쥐어 주면서 말입니다. …

나레이션 관심은 지대하고, 해명해야 할 의문점이 많이 있고, 그러나 (취재해서 대중에게) 정보를 전달해야합니다. 이것이 기자가 하는 일입니다. 그런데 아무런 제한도 없이 그래도 될까요? 언론 취재는 과연 어디까지 허용되는 걸까요? 본슈트라쎄에 나와 있는 취재진은 내일 아침까지는 계속해서 전기를 끌어다 쓸 것 같습니다. 이웃 주민들은 현재 똑같은 인터뷰를 몇 번이나 했는지 셀 수 없을 정도입니다. …

나레이션 프랑스 어느 방송사 소속의 기자 두 명은 심지어 부조종사의 자택 내부를 촬영하기까지 했습니다. 이 두 명의 프랑스 기자는 주변을 다니면서 집집마다 초인종을 눌러댔습니다. 뭐가 됐든 간에 아는 사람이 한 명이라도 있을 거고, 뭐라도 하나는 건져야 하니까요.

과도한 취재 행위는 왜 좋지 않을까? 저먼윙스의 보도에는 과잉 취재 행위가 참사 애도와 유가족에게 부정적인 영향을 미치는 이유를 알 수 있는 내용이 있다.

유가족에게 필요한 것은 차분한 환경에서 희생자를 추모하고, 참사 이후에 대해서 준비할 시간과 공간일 것이다.

3.24.(참사 당일) 할턴 김나지움의 희생자 학생들 (알○○/5분01초)

슈○○ (애도상담사) 남은 학생과 유가족에게 지금 가장 필요한 것은 깊이 슬퍼할 수 있는 공간과 시간입니다. …

> 4.17.(참사 이후 25일) 추락사고: 슬픔만 남겼나, 아니면 불안함까지 남겼나? (특집방송/28분 38초)
>
> **나레이션** 사고 발생 만 하루가 지난 다음입니다. 할턴에서 묵념의 시간입니다. 그리고 전 세계에서 온 취재진이 시민들을 촬영하느라 여념이 없습니다. 이런 상황에서라면 희생자에 대한 추도와 묵념을 제대로 할 수 있을까요? …
>
> **나레이션** … 요제프 쾨니히 김나지움 앞에 시끄럽게 진을 쳤던 기자도 이제는 없습니다. 고요함은 희생자를 기억하고픈 이들에게는 좋은 일입니다.
>
> **바○○ (참사 피해 김나지움 졸업반 학생)** 다들 그래요, 기자와 카메라가 다 사라지고 나니까 교정 분위기가 완전히 달라졌다고요. 초를 모아놓은 곳 있잖아요. 그리고 이제야 다들 자기감정에 대해 제대로 마주할 수 있게 되었지요. 친구들만 같이 있는 곳에서요. …

피해자에 대한 과잉 보도는 참사에 대한 무감각함을 키우고, 직접적인 교감을 느끼지 못하는 사람에게 안도와 함께 조롱의 문화를 낳을 수 있다. 우리 사회에서 타인의 불행을 조롱하는 문화는 일베 문화에만 국한된 것은 아니다. 5월 민주화운동의 희생자를 향한 조롱의 언어, 대통령의 서거에 대한 조롱의 표현은 나이와 직업을 불문하고 부정적 놀이 문화로 나타나곤 한다.

최근 이태원 참사 유가족을 향하여 우리나라의 대표적인 관변단체 회원들이 '이태원 참사는 북한 소행이다'라는 야유를 보냈다.[3] 이는 유가족이 감내할 한계를 넘어서는 비인간적인 조롱의 문화이다.

『도덕 감정론』의 저자 애덤 스미스(Adam Smith)는 우리가 타인의 불행에 대해서 지속적으로 관심을 두지 않는 이유는 다른 사람의 격한 감정을 대하는 것이 불편하기 때문이라고 보았다. 또한 불행한 사람에 대한 인간의 나쁜 태도를 지적하였다.[4]

---

[3] 최인영 (2023.07.25.) 이태원 참사 유가족들 분노… "책임자 없는 이태원 참사". **KBS 뉴스7(청주)**.
[4] Smith, A. (2020). **도덕감정론** (박세일, 민경국 공역). 서울: 비봉출판사. (원저 1759년 출판) /

약자에 대한 인간의 본성 차원에서 보면 우리가 불행한 사람에게 취할 수 있는 가장 잔인한 모욕은 불행을 유발한 재난을 경시하는 듯한 태도를 보이는 것이다.

참사를 대하는 미성숙한 모습에는 어떤 것이 있을까? 예를 들면 스마트폰 일상 사진에 대한 행동의 문제점이다. 참사를 배경으로 사진을 찍거나, 재난 상황을 배경으로 셀카(disaster selfies)를 찍는 행위를 재난 포르노(disaster porno)라고 하는데 재난의 공간에서 보여주는 자기-관음증이다. 정신분석학자 융(Carl Gustav Jung)은 인간에게는 어두운 면을 나타내는 그림자가 있고, 타인의 절망을 보고 싶은 유혹을 견디기 어렵다고 하였다.5 궁금증으로 참사의 현장을 찾아보는 것은 죄의식 없이 인간의 어두운 욕구를 충족하는 모습일 것이다.

타인의 불행을 보고 자신의 삶을 안도하는 때도 있다. 영어와 국어로 번역이 되지 않는 명사 때문에 영어권에서도 독일어 원어 발음으로 말하는 용어가 있다. 타인의 불행을 즐거워하는 마음을 묘사하는 독일어 '샤덴프로이데(Schadenfreude)'는 타인의 고통을 즐기는 것이다. 이 단어가 1853년 영어 작문에 등장했을 때는 사회적으로 물의를 일으켰다. 샤덴프로이데를 처음 언급하고 연구한 더블린의 대주교 트렌치(RC Trench)는 단어의 존재를 두려워했으며, '이상한 사악함에 대한 슬픈 기록(mournful record of the strange wickednesses)'이라고 기술하였다.6

철학자들은 이러한 인간의 본성을 도덕적 실패(moral failure)로 본다. 그러나 샤덴프로이데는 인간의 연약함 때문이고, 이 감정을 느끼는 사람

16쪽 참고
5 McLynn, F. (2014). *Carl Gustav Jung: A Biography*. St.Martin's Publishing. (e-Book)
6 Smith, T.W. (2018.10.14). The secret joys of schadenfreude. *The Guardian: Lifestyle*.

은 자신에게도 불행이 가능하다는 것을 인지하기 때문이다. 즉 실제 불행과 가능한 불행 사이의 유사함이 샤덴프로이데를 만들 수 있다.[7]

물론 우리는 희극적인 또는 유쾌한(mirthful) 샤덴프로이데를 겪으며 살아간다. 스포츠 결과에 따라서 이러한 감정을 느낄 때가 많은데 특정 국가가 경기에 졌을 때 좋아하는 경우이다. 2018년 러시아월드컵에서 우리나라가 독일을 이겼을 때 영국은 축제 분위기였다.

하지만 불행한 사건에 대해서 즐거움을 느낀다면 도덕적 선(moral good)을 지켜나가지 못하는 인간의 정서적 불행으로 보아야 할 것이다. 2008년 2월 서울 숭례문이 전소한 후 일본 관광객이 사건 현장 앞에서 기념 촬영을 하였고, 2014년 7월에 이스라엘이 팔레스타인 가자 지구를 폭격할 때 이스라엘인은 그 광경을 멀리서 보며 맥주를 마셨다. 이처럼 타인의 불행에 위로받는 경우도 있다. 오직 나와 내 가족에게 발생하지 않은 참사와 사고에 감사하는 모습에서 우리는 어떻게 인간성의 선을 논할 수 있겠는가?

미디어의 발달과 SNS가 범람하는 시대, 한국사회에 만연한 타인의 조롱 문화를 보면 현재 우리는 샤덴프로이데의 시대에 살고 있음을 알 수 있다. 샤덴프로이데는 자신의 열등감, 자격지심, 시기심 등을 신속하게 없애주는 심리적 장점도 있다. 하지만 민주화 과정에서 국가권력에 희생된 사람들, 공권력의 미숙한 대응으로 희생자가 증가한 참사 등에 대한 샤덴프로이데는 분명히 반사회적이다.

미디어를 통한 불행한 사건의 과잉 보도는 참사를 겪지 않은 미디어 수용자를 안심시킬 수 있다. 반대로 참사에 영향을 받지 않은 미디어수용자에게 참사에 대한 정서적 거부감도 불러일으킬 수 있다.

---

7 Simon, D.C. (2007). The Anatomy of Schadenfreude; or, Montaigne's Laughter. *Critical Inquiry, 43*, 250-280. / 250, 253~254쪽 참고.

조롱 또는 샤덴프로이데와 같은 행동을 어떻게 자제할 수 있을까? 피해자의 입장으로 참사를 바라보는 것이 방법이다. 피해자라면 참사 현장에서 셀카를 찍을 수 없을 것이다. 피해자의 입장에서 미디어를 본다면 그 자체가 고통이 될 수 있다. 미디어를 통해 범람하는 피해자의 참혹한 모습과 유가족의 고통스러운 모습에 대해서 비판하고, 유가족의 사생활을 보호하고 돕는 것이 참사 보도의 역할이어야 한다.

시리아 아기 난민 3세 K○○가 터키 해변에 누워있는 평화로운 사망 장면은 유럽 전체를 강타했다. 터키의 사진작가(Nilüfer Demir)가 2015년 9월 해변에서 찍은 이 사진을 자신의 SNS에 올렸다. 파도가 잔잔히 밀려오는 모래 위에 자는 듯이 엎드린 아기의 모습은 난민 수용을 거부하는 유럽 정치권에 파장을 일으켰다. 선진국이 인도적 차원에서 난민을 수용하는 데에 이르렀다.

언론이 참사의 피해를 시청자에게 효과적으로 전달하는 방법에는 보도의 절제가 있다. 끔찍한 상황을 마주했을 때 눈을 돌리는 것은 인간의 본능과 같은 행동이다. 그런데 언론은 그런 장면을 입수하여 경찰에 넘기지 않고, 미디어수용자에게 보여주고 있다.

우리나라 미디어의 절제 보도가 필요한 분야는 참사뿐만 아니라 사회적 약자와 관련된 보도, 노동 현장 산업재해 보도, 장애인 보도 등의 광범위한 주제에 적용되어야 할 것이다. 자극적인 보도는 희생자와 유가족의 회복을 방해하고, 디지털 세상에 계속 불행을 남기는 자화상이 될 수 있다. 독일 공영방송이 참사 보도에서 보여준 유가족 취재의 절제는 우리가 본받아야 한다.

5.2 유가족 예우

국가적인 참사를 대하는 국민의 자세를 평가할 때 유가족에 대한 예우는 중요한 바로미터가 될 수 있다.

감정적으로 격한 유가족의 모습 등을 보는 미디어수용자는 '나와 우리 가족은 저런 희생을 겪지 않아서 다행이다'라고 인식할 수 있다. 세월호 참사 이후 유가족의 흥분된 모습이 많이 보도되면서 미디어수용자는 유가족에 대한 자제를 요구하는 말을 쉽게 하기 시작하였다. 그러나 언론은 세월호 유가족을 흥분시키고, 격앙되도록 하는 일에 동조하였고, 가감 없이 보도하였다.

참사의 피해자를 대하는 행위에서 가장 기본적으로 이루어져야 할 조치는 심리적인 안전(safety)과 진정(calming)이다.[8] 그럼에도 우리 사회는 언론이 보여준 유가족의 모습을 오히려 질책하였다. 세월호로 인해 우리에게 각인된 언어 중 '세월이 약'이라는 표현이 있다. 유가족에 대한 예우에서 결론을 맺어보려고 한다.

참사를 겪은 유가족은 예전의 삶을 이어갈 수 있을까? 세월이 약이 되어 기억이 흐릿해지고 망각의 효과를 빌어서 살아갈 것이라는 예측은 참사를 직접 경험하지 않은 사람의 생각일 수 있다.

참사 유가족은 사건을 기준으로 예전의 삶이 연장되는 것이 아니라 전혀 다른 삶을 살아가는 것이다.

---

[8] Center for the Study of Traumatic Stress. *Psychological first aid: How you can support well-being in disaster victims.* CSTS, Department of Psychiatry, Uniformed Services University.

4.17.(참사 이후 25일) 추락사고: 슬픔만 남겼나, 아니면 불안함까지 남겼나? (특집방송/28분 38초)

마○○ (다른 참사 유가족) 삶은 계속된다고요? 아니요, 그렇지 않아요. 아무것도 계속되지 않아요. 이건 단절된 거예요. 그러니까 여기에는 완전히 새로운 삶이 시작되어야 한다고요. 하지만 그렇다고 해서 그 전에 있었던 일을 잊어버리거나 아니면 애써 부정함으로써 새 삶을 살아야 한다는 말이 아니에요. 그 사건은 나의 일부가 됩니다. 그것은 이제 나라는 사람, 나의 존재가 되는 거예요. 죽은 사람은, 남겨진 사람 안에 어떤 특별한 방식으로 계속해서 살아있어요. …
나레이션 라○○와 그의 부인은 슬픔이 가실 때까지 거의 삼 년 가까이 시간이 걸렸습니다. 하지만 그 후로 오늘날 20년이나 지났지만 노부부는 여전히 하루도 빠짐없이 아들을 생각합니다. …
나레이션 학교 강당에서 희생된 16명의 학생과 두 명의 선생님을 추모하기 위해 방학 중에도 학교는 문을 열었습니다. …… 몇몇 유가족은 이곳에서 매일 함께 한다고 합니다. 이 고통은 끝이 없고, 그렇지 않으면 혼자서 감내해야하기 때문입니다.

세월호 탑승자가 죽는 과정, 참사 유가족이 오열하는 모습, 불분명한 유가족의 사연 등을 거리낌 없이 보도하는 것의 문제점은 유가족이 살아내야 할 참사 이후의 삶에 영향을 미치기 때문이다. 부정적 보도로 인하여 유가족에 대한 불행한 이미지가 굳어지면 이후의 생활에서도 타인의 고정된 시선을 받게 된다. 이는 참사 이후 유가족의 삶과 회복에 도움이 되지 않는다.

고통스러운 유가족의 모습을 미디어가 전달하지 않는 것이 성숙한 사회로 나아갈 길이다. 우리 사회가 유가족에게 취해야 할 행동은 우선 '추모'이고, 그다음은 함께 한다는 '연대' 의식이다. 유가족은 희생자의 장례식과 병원 치료, 그리고 참사에 대한 조사와 법적 문제 등에 계속 관여되어 힘든 시간을 견디어야 한다. 유가족이 감내해야 할 예

고된 긴 시간을 위해서라도 사회 전체의 지지가 있어야 한다.

3.24.(참사 당일) 노르트라인-베스트팔렌 주( )정부 반응 (뢰○○/1분54초)

라○○ (기독민주당, NRW주 당대표) 지금은 모든 일을 전부 중단해야 합니다. 지금은 유가족을 생각하고 유가족을 위해서 기도하는 것이 먼저입니다. …… 지금 이 순간 유가족이 어떤 고통을 받고 있을지 차마 상상할 수도 없습니다. 저 또한 당분간 이곳에서 정쟁은 삼가는 것이 바람직하다고 봅니다.

4.01.(참사 이후 9일) 할턴에서 거행된 추모미사 (그○○/6분46초)

알○○ (신부) 유가족을 혼자 놔두지 않는 것이 저는 지금 가장 중요한 일이라고 봅니다. 그들과 반드시 함께 있어야 합니다. 그게 우리 인간의 도리입니다. 함께 한다는 것이 핵심이지만 이것도 모든 유가족과 개인에게 각각 다르게 접근해야 하고요, 함께하는 시간이라는 측면에서 볼 때에도 인간적인 (시간)관념을 넘어서 생각해야 합니다.

4.17.(참사 이후 25일) 희생자를 위한 추모미사 (무○○/3분06초)

가○○ (연방대통령) 위로가 참으로 위로가 되기까지는, 그리고 우리가 다시 삶을 살 수 있게 되기까지는 슬픔과 아픔에도 긴 시간이 필요합니다.

참사 피해를 겪지 않은 사회 구성원은 유가족과 함께하는 마음과 지지를 보여야 한다. 우리는 특정 사건에 대해서는 공감과 지지를 보내지만 그렇지 않은 예도 있다.

군에서의 사고사, 음주운전 교통사고의 안타까운 희생자 등에 대해서는 대중적 공감과 정서적 유착이 쉽다. 자식을 가진 부모의 입장과 지인의 처지에서 보면 이러한 사건은 나와 친근한 관계에서, 그리고 일상적인 장소에서 발생할 수 있는 일이기 때문이다. 특히 유명인이 희생자이고 특정 지역에 사는 사람이 희생되었다면 '나도 되고 싶었던' 직업, '나도 살고 싶었던' 곳에 사는 사람에게 벌어진 일이기에 '나도 그랬으면'

하는 사회경제적 배경(social economical background) 또는 본보기(role model)가 될 가능성이 크다.

그러나 제주 4·3 사건, 광주의 5·18 민주화운동, 그리고 세월호 참사에 대해서는 정서적으로 거부하는 경우가 있다. 이러한 사건은 개인에게 너무 충격적이고 믿어지지 않지만 엄연한 사실이다. 그 충격의 강도가 지나쳐서 오히려 공감력이 떨어질 수 있다. 우리나라에서는 이스라엘이 팔레스타인을 무참히 포격해서 팔레스타인 사람들이 죽는 모습이 생경한 것 또한 마찬가지이다. 이스라엘의 자본을 소비하는 생활이 너무 일상적이고, 지리적으로도 먼 나라라서 불매운동을 촉발하지도 않는다.

또한 미디어가 전달하는 산업재해 피해자, 예를 들면 지하철 노동자와 당진제철소 노동자 사망 등의 보도는 외면하고 싶은 현실이다. 사망한 노동자와 같은 열악한 곳에서 '나는 일하고 싶지 않은' 마음이 크고, 그러한 죽음 또한 '나에게는 절대 일어나지 말아야 할' 정서적 영역이기 때문이다. 그래서 심리적 거부 선(psychological denial line, rejection line)이 작동하게 된다.

앞으로 미디어는 참사에 대한 피해자 보도를 절제하고, 유가족에 대한 예우를 지켜나가야 한다. 참사에 대한 미디어의 역할은 희생자의 사연과 유가족의 절규가 아니라 사건의 원인과 해결에 대한 탐사가 되어야 한다. 그러므로 유사한 보도의 재생산으로 미디어가 지나치게 유가족의 모습을 노출하는 것은 미디어수용자의 마음을 불편하게 해 결국에는 참사에 대한 보도를 심리적으로 거부하도록 만들 수 있다.

미디어는 나쁜 의미의 선동가가 되어서는 안 된다. 참사에 대한 의문을 제기하고 진상규명과 문제 해결을 위한 탐사 저널리즘이 될 때 미디어의 선한 영향력은 한국 사회를 바르게 이끌 것이다.

부록. 독일 WDR 보도 필사·번역 [1]

번호	일자 (참사 이후)	기사 제목
W-01	3.24. (당일)	· Schüler aus Haltern unter den Absturzopfern 할턴 김나지움의 희생자 학생들
W-02		· Reaktionen NRW 노르트라인-베스트팔렌 주(州)정부 반응
W-03	3.25. (2일)	· Der Tag danach am Flughafen 다음날 뒤셀도르프 공항
W-04		· Trauer in Haltern 비탄에 빠진 할턴시(市)
W-05		· Haltern am Tag nach dem Flugzeugabsturz 추락사고 다음날 할턴
W-06	3.26. (3일)	· Schweigeminute für Katastrophenopfer 희생자를 위한 묵념
W-07		· Erste Katastrophen-Opfer geborgen 첫 번째 희생자 시신 수습
W-08	3.27. (4일)	· G○○ besucht Gedenkstunde in Haltern 할턴 추모미사에 참석한 연방대통령 가○○
W-09		· Nach dem Unglück 사고 이후 확인된 사실들
W-10	3.28. (5일)	· Gedenken an die Absturz-Opfer 희생자 추모
W-11	4.01. (9일)	· Lufthansa- & Germanwings-Chef am Unglücksort 루프트한자 사장과 저먼윙스 회장의 사고현장 방문
W-12		· Haltern vor dem Trauergottesdienst 할턴에서 거행된 추모미사
W-13	4.16. (24일)	· Spanier trauern in Haltern 스페인에서 온 조문
W-14	4.17. (25일)	· Eine Stadt, ein Land trauert mit 할턴도, 국가도 애도합니다
W-15		· Trauergottesdienst für die Opfer des Flugzeugabsturzes 희생자를 위한 추모미사
W-16		· Der Absturz: Die Trauer bleibt. Vergeht die Angst? 추락사고: 슬픔만 남겼나, 아니면 불안함까지 남겼나?

---

1 비교 자료를 취득하기 위하여 이메일 교신으로 독일의 느린 행정과 소통하였다. ARD는 저먼윙스 참사 보도로 타당한 지역 공영방송 WDR를 추천하였고, 저먼윙스 보도 아카이브 목록을 보내주었다. 최종 WDR 보도 목록을 선정하기까지 2개월이 소요되었다. 이상의 과정에 저자와 독일 예나대학교 철학과 박규희 박사가 협력하였다.
WDR 보도 내용의 1차 필사와 번역은 박규희 박사가 하였고, 세부 교정과 편집은 출판사에서 진행하였다. 편집 과정에서 내용 중 독일 이름은 성의 앞 글자(알파벳)만 남기고 모두 삭제하였다.

W-01

일시 2015. 3.24. (참사 당일) 분량 5분01초 프로그램 Lokalzeit aus Dortmund

Titel(Bericht) Schüler aus Haltern unter den Absturzopfern (A○○)

Bericht Die jungen Gymmniasiasten fangen gerade erst an zu realisieren, dass ihre Mitschüler nie mehr zurückkehren werden. Nach der Absturznachricht hatte der Schulleiter zunächst alle Schüler nach Hause geschickt. Die Stadtspitze hatte einen Krisenstab eingerichtet, die Informationslage war konfus.Die Schülergruppe war auf den Flug gebucht, aber waren sie auch wirklich eingestiegen? Gegen Mittag gab es dann auch für solche Hoffnungen keinen Grund mehr: die Katastrophennachricht wurde offiziell. Auch Politiker rangen um Worte.

KOO (Bürgermeister Haltern) Ich darf Ihnen allen versichern, dass das sicherlich der schwärzeste Tag in der Geschichte unserer Stadt ist. Ich möchte mich zunächst- oder ich möchte zunächst sagen, dass die Stadt tief betroffen ist. Es ist, wenn Sie so wollen, ein Schockzustand überall zu spüren. Das ist so ziemlich das Schlimmste, was man sich vorstellen kann.

Bericht Die Reise der Ruhrgebietsgruppe in die Gegend von Barcelona war der Gegenbesuch eines Austauschprojekts von Sprachschülern der Jahrgangsstufe 10. Entsetzen auch bei der zuständigen Schulministerin.

LOO (B'90/Die Grünen, Shulministerin NRW) Ich möchte, auch im Namen der Ministerpräsidentin, mein Beileid aussprechen. Ich habe eben – wir haben eben mit dem Bürgermeister gesprochen und ich hab auch mit dem Schulleiter gesprochen und werd selbstverständlich morgen die Schule auch dann besuchen, um an ihrer Seite zu sein. Das ist ganz tragisch. Das ist ganz traurig und das macht fassungslos.

Berichts Die Nachrichten aus den französischen Alpen ließen keine Hoffnungen zu. Niemand soll den Absturz überlebt haben. Direkte Angehörige, Mitschüler und Kollegen der Absturzopfer wurden von der Presse ferngehalten und direkt von Seelsorgern betreut. Die 37000-Einwohner-Stadt Haltern am See ist im Schockzustand, bekommt aber jede Hilfe von Außen.

KOO (Bürgermeister Haltern) IIn einer solchen Situation von etwas Positivem zu reden fällt

제목(기자) 할턴 김나지움의 희생자 학생들 (알○○)

기자 학생들은 앞으로 친구를 더 이상 볼 수 없다는 사실을 믿지 못했습니다. 비행기 추락사고 소식을 듣자 교장 선생님은 일단 모든 학생에게 귀가조치를 내렸습니다. 마을에서는 비상대책위원회가 소집되었으나, 상황은 혼란스러울 뿐 아직 이렇다 할 자세한 정보는 얻은 것이 없었습니다. 사고 난 비행기가 학생들 탑승하기로 예정되어있던 바로 그 비행기인 것은 맞지만, 정말로 그 비행기에 탑승했을까? 하는 일말의 희망은 정오쯤 되어서 모두 사라지고 말았습니다. 왜냐하면 비행기 추락 사실이 공식적으로 확인되었기 때문입니다. 이제는 정치인도 한마디 하지 않을 수 없었습니다.

클○○ (할턴 시장) 저는 감히 시민 여러분께 오늘 이 우리 마을 역사상 가장 슬픈 날이라고 말씀드리고 싶습니다. 저로서는 사실은, 아니 그보다 먼저, 저는 이 사고가 우리 마을 전체에 닥친 불행이라고 말씀드리고 싶습니다. 주위를 둘러보신다면, 충격을 받지 않은 사람이 아무도 없다는 것을 당장 알아차릴 수 있을 것입니다. 우리는 인간이 상상할 수 있는 최악의 상황에 처해 있습니다.

기자 루르 지방 학교 10학년 학생이 바르셀로나 인근으로 여행을 간 것은 언어연수를 위한 교환학생 프로그램의 일환으로 계획된 것이었습니다. 큰 충격에 휩싸인 것은 주(州) 교육부 장관도 마찬가지입니다.

뢰○○ (동맹90/녹색당, NRW주( ) 교육부 장관) 저는 주(州)총리의 이름으로 깊은 애도의 뜻을 표합니다. 저는 방금, 우리는 방금 할턴 암 제 시장과 통화를 했고 교장 선생님과도 통화했고 슬픔을 함께 나누기 위해 내일 아침에는 해당 학교에 갈 계획입니다. 참으로 비극적인 일이 아닐 수 없습니다. 믿겨지지 않고요, 뭐라고 말해야 할지 모르겠습니다.

기자 프랑스 알프스 산자락에서 보도되는 뉴스에는 어떠한 희망도 기대할 수 없었습니다. 추락사고에서 생존자는 한 명도 없다고 합니다. 사망자의 직계 가족과 같은 학교 학생 및 학교 교원은 현재 성직자가 돌보고 있으며, 이들에 대한 언론 보도나 취재는 금지된 상태입니다. 약 37,000명의 주민이 살고 있는 할턴 암 제는 충격의 도가니에 빠져있으나, 외부에서 많은 지원을 받고 있습니다.

클○○ (할턴 시장) 현 상황에서 무언가 긍정적인 것을 입 밖에 내기가 당연히 쉬운 일은 아닙니다.

natürlich schwer, aber wir werden exzellent betreut von allen zuständigen Dienststellen, was das zu Verfügung stellen von Fachkräften, ähm, angeht. Und wir haben ganz viele, ähm, geschulte Seelsorgerinnen und Seelsorger, 2 die also zur Verfügung stehen, ähm, einmal natürlich für die Angehörigen, aber auch für die Schülerinnen und Schüler.
Bericht Das Halterne Gymmnasium wird in den kommenden Tagen geöffnet bleiben, steht den Schülern zur Bewältigung der Trauer zur Verfügung. An Unterricht ist in der nächsten Zeit nicht zu denken.
Hauptstudio Ja, ein unglaubliches Drama. S○○ ist in Haltern. S○○, wie ist die Situation heute Abend?
S○○ Ja, es sind immer noch ganz viele Menschen hier in Haltern unterwegs, laufen hier zur Schule, die hier direkt um die Ecke ist und, äh, stellen, ähm, Kerzen nieder, bringen Blumen vorbei. Und dieser Schock und diese Fassungslosigkeit über dieses Unglück, die ist wirklich hier den ganzen Tag über zu spüren gewesen. Das waren unglaublich viele Menschen hier in Haltern heute unterwegs. Die haben sich vor der Schule getroffen. Die haben zusammen geweint, haben sich in den Armen gelegen, haben Kerzen angezündet. Und jetzt gerade, zu dieser Zeit gibt es einen Gottesdienst, an den sich die Menschen hier treffen können, um sich noch mal zusammenzufinden nach diesem schrecklichen Tag hier in Haltern. Um 17.00 gab es eine Pressekonferenz und da konnte ich auch mit dem Bürgermeister K○○ noch mal sprechen und der rang wirklich die ganze Zeit mit den Tränen und war entsetzt über die Nachrichte, die er hier heute verkünden musste.
KOO (Bürgermeister Haltern) Man ist natürlich geschockt. Wir können das alle überhaupt gar nicht fassen. Und es herrscht natürlich eine große Traurigkeit.
S○○ Ja, und es gibt ganz viele Seelsorger, Psychologen und auch Pfarrer, die unterwegs sind, die die Familien, die die Kinder, die Schüler betreuen und eine von ihnen ist S○○. Frau S○○ Sie waren auch unterwegs heute schon, waren bei Familien. Was ist jetzt das allerwichtige – äh -wichtigste? Was kann man für die Schüler tun, die jetzt in dieser Trauer leben?
S○○ (Trauerbegleiterin) Die Familien oder die

하지만 몇 가지 말씀드리자면, 저희는 지금 우리에게 필요한 모든 분야의 전문가와 함께하고 있으며 그들에게 많은 도움을 받고 있습니다. 경험이 많은 젤조르거(Seelsorger)가 많이 와 계시고, 그 분들이 사망자 가족과 우리 학교 학생을 돌보아주고 계십니다.
기자 할턴 암 제 김나지움은 며칠 후에 다시 학교 문을 열어서 학생이 교내에 조의를 표할 수 있도록 할 예정이지만, 당분간 수업 진행은 불가능할 것으로 보입니다.
스튜디오 앵커 네, 참으로 믿기 힘든 사고가 발생했습니다. 현재 샤○○가 할턴 현장에 나가있습니다. 샤○○, 오늘 저녁 그곳 상황은 어떻습니까?
샤○○ (리포터) 네, 이곳 할턴 시에는 아직 수많은 사람이 밖에 나와 있습니다. 시민들은 여기 바로 앞 모퉁이 돌아서 있는 학교에 가 초를 켜고 꽃을 가져다 놓았습니다. 이 비극적인 사고에 대한 슬픔과 비탄이 얼마나 큰지 오늘 하루 동안 고스란히 느낄 수 있었습니다. 오늘 이 마을에는 굉장히 많은 사람이 밖에 나와 있었습니다. 오늘 학교 앞에서 만났고, 서로 부둥켜안고서 모두가 같이 울었으며, 함께 촛불을 켰습니다. 그리고 지금 이 시각, 막 미사가 봉헌되고 있는데, 이 미사는 오늘 엄청난 충격 속에서 하루를 보낸 시민들이 다시 함께 모일 수 있는 기회가 되었습니다. 오후 5시에는 기자회견이 있었고 거기에서 저는 클○○ 할턴 시장의 말을 들을 수 있었습니다. 시장은 오늘 이 마을에 전해진 충격적인 소식으로 말을 잇지 못하며 기자회견 내내 눈물을 흘렸습니다.

클○○ (할턴 시장) 지금 저희들 모두 제정신이 아닙니다. 저희는 지금 일어난 일을 도무지 받아들일 수가 없습니다. 마을 전체가 슬픔에 잠겨 있습니다.
샤○○ (리포터) 네, 그리고 젤조르거, 심리치료사와 상담사가 지금 정말 많이 와있고, 유가족과 아이들과 학생이 함께하고 있습니다. 슈○○도 그중 한 명입니다. 슈○○씨, 오늘 이곳 할턴까지 오셔서 함께 가족과 함께 계셨고요, 현 상황에서 중요한 것, 가장 중요한 것이 무엇입니까? 현재 슬픔에 잠겨 있는 학생에게 필요한 것이 무엇입니까?
슈○○ (애도상담사) 남은 학생과 유가족에게 지금

Schüler, die brauchen einfach einen Raum für die Trauer, so wie heute Gottesdienst geboten wird, wie der Schulhof einfach da ist, dass sie einfach Gemeinschaft haben. Die brauchen Rituale, um diese Trauer, die Fassungslosigkeit auszudrücken. Und die brauchen Zeit und auch Zeit, die genutzt wird. Z.B. jetzt die vor den Ferien. Weil es einfach sein kann, dass viele noch gar nicht begreifen was passiert ist und dann setzen die Ferien ein und dann sackt es plötzlich nach und nach. Dass die Schule, dass Stadt auch einfach Angebote setzt, wo Schüler hingehen können auch wenn kein Unterricht ist.
SOO Sie werden morgen auch wieder in der Stadt unterwegs sein und Familien betreuen. Erst mal herzlichen Dank dafür für das Gespräch. Ja und morgen hat sich Schulministerin LOO hier angekündigt, will hier nach Haltern kommen. Die Schule, die wird geöffnet bleiben und soll Anlaufstelle für Schüler, für Lehrer und auch für Eltern sein, die sich austauschen wollen. Das wird hier in Haltern wohl auch noch einige Tage so andauern.

가장 필요한 것은 깊이 슬퍼할 수 있는 공간과 시간입니다. 지금 미사가 거행되고 있는 것도 그런 이유에서입니다. 사람들과 슬픔을 함께 나눌 수 있도록 미사는 지금 학교 운동장에서 거행되고 있고요. 충격을 해소하고 슬픔을 표현할 계기가 되는 예식 같은 것이 필요합니다. 그리고 시간, 그리고 오직 시간이 필요합니다. 특히 지금처럼 학기 중에 시간이 필요합니다. 많은 학생이 아직도 무슨 일이 일어난 것인지 전혀 받아들이지 못하고 있습니다. 이제 곧 방학이 시작되면, 그때에서야 학생은 갑자기 실감하게 될 겁니다. 학교가, 아니 시에서 먼저 그러한 대책을 실행에 옮겨야 합니다. 학생이 계속해서 등교는 하되, 수업은 하지 않는 쪽으로요.
샤OO (리포터) 유가족의 안정을 위해 내일 다시 오실 예정이시지요. 인터뷰 응해주셔서 감사합니다. 네, 내일은 뢰OO 주(州) 교육부장관도 할턴에 올 예정입니다. 학교는 계속 열려 있고 학생과 교사, 학부모를 위한 임시상담소도 계속 열려 있을 것입니다. 이러한 임시시설은 앞으로도 당분간은 계속해서 운영할 것으로 보입니다.

W-02

일시 2015. 3.24. (참사 당일) 분량 1분54초 프로그램 Aktuelle Stunde
Titel(Bericht) Reaktionen NRW (ROO)   제목(기자) 노르트라인-베스트팔렌 주(州)정부 반응 (뢰OO)

Bericht Sichtlich aufgewühlt verlässt Ministerpräsidentin KOO am Mittag die SPD-Fraktion, kurz zuvor hatte sie von der Tragödie erfahren. Ihr Verkehrsminister holt am Handy erste Informationen ein. Das größte Flugzeugunglück der Landesgeschichte bringt den Düsseldorfer Politbetrieb zum Erliegen.
KOO (SPD, Ministerpräsidentin NRW) Die Trauer in Nordrhein-Westfalen ist groß. Wir alle fühlen mit den Familien, Freunden, Angehörigen der Opfer. Viele Gespräche, die ich bisher geführt habe, zeigen, die Menschen sind geschockt.
LOO (CDU, Parteivorsitzender NRW) Jetzt muss alles ruhen. Jetzt müssen die Gedanken und auch die Gebete bei den Familien der Opfer

기자 정오 쯤 크OO 주(州) 총리가 사회민주당과의 회동에서 잔뜩 격앙된 모습으로 자리를 뜨고 있습니다. 총리는 그 전에 이미 참사 사건에 대해 보고받은 상태였습니다. 교통부 장관은 일단 급한 대로 휴대폰으로 보도 자료를 훑어보고 있습니다. 주(州) 역사상 가장 큰 규모의 비행기 추락 참사 사건으로 주정부의 행정은 즉시 마비되었습니다.
크OO (사회민주당, NRW주 총리) 노르트라인-베스트팔렌은 큰 슬픔에 잠겨 있습니다. 우리는 유가족과 동료 학생 친구들과 관계자들이 겪는 슬픔을 똑같이 느낍니다. 저는 좀 전까지 나누었던 대화에서 사람들이 큰 충격을 받았다는 사실을 알았습니다.
라OO (기독민주당, NRW주 당대표) 지금은 모든 일을 전부 중단해야 합니다. 지금은 유가족을 생각하고 유가족을 위해서 기도하는 것이 먼저입니다.

---

2 번역하지 않음. 젤조르거(Seelsorger)는 성직자가 아닌 일반인 전문직 상담사도 포함하는 광범위한 개념임.

sein. Wie ich höre eine Schulklasse aus Haltern am See mit in dieser Maschine und man kann sich dieses Leid nur erdenken, was im Moment die Familien erleiden. Ich finde auch, dass die Politik in den nächsten Tagen hier ruhen sollte.
Bericht So wird es kommen, für morgen sind hier im Düsseldorfer **3** Landtag alle Pressekonferenzen und Ausschüsse abgesagt. Auch die Kirchen äußern am Nachmittag ihr Mitgefühl für die Opfer und ihre Angehörigen.
ROO (Präses Evangelische Kirche Rheinland) Wir hoffen und wünschen sehr, dass diese Menschen auf diesem für sie jetzt ganz dunklen Lebensweg die Erfahrung machen, dass sie einerseits von Gott trotz allem gehalten sind und zum andern vor allen Dingen auch Menschen haben, die sie hilfreich begleiten.
WOO (Erzbischof von Köln) Ich kann als Christ einfach jetzt nur versprechen, dass ich in meinen Gedanken und in meinen Gebeten bei den Angehörigen, bei den Freunden, bei den Familien bin und kann alle nur mit einladen, die an Gott glauben und an ihm festhalten, mich in diesem Gebet mit zu unterstützen.
Bericht Trauerbeflaggung an der Staatskanzlei und anderen öffentlichen Gebäuden. Das sonst so hektische politische Leben in der Landeshauptstadt hält inne angesichts der Tragödie in den französischen Alpen.

할턴 암 제 학교의 한 학년이 그 비행기에 탑승해 있던 것으로 들었습니다. 지금 이 순간 유가족이 어떤 고통을 받고 있을지 차마 상상할 수도 없습니다. 저 또한 당분간 이곳에서 쟁점은 삼가는 것이 바람직하다고 봅니다.
기자 그렇습니다. 그래서 이곳 뒤셀도르프 주 의회에서는 내일부터 모든 기자회견과 위원회 일정이 취소됩니다. 오후에는 교계에서도 사고를 당한 학생과 유가족의 아픔에 동참한다는 성명을 발표하였습니다.
레OO (독일 복음교회 라인란트 지역교회 의장) 우리는 그들이 지금 이루 말할 수 없을 정도로 고통스러운 이 시기를 어떻게든 극복할 수 있기를 희망합니다. 그리고 그들이 한편으로는 언제나 하나님의 보호를 받고 또 한편으로는 무엇보다도 그들과 함께하는 다른 사람에게서 위로를 받게 되기를 기도합니다.
뵐OO 추기경 (쾰른 대교구 교구장) 저는 그저 한 명의 그리스도인으로서 유가족과 동료 학생과 관계자와 마음으로 기도하면서 함께 하고 있다는 것 외에는 차마 드릴 말씀이 없습니다. 그리고 우리가 함께 이겨낼 수 있도록 하느님을 믿고 그분께 의탁하는 모든 이를 이 기도에 초대하는 바입니다.
기자 주정부 청사에서는 깃발이 조의기로 게양되었고 다른 공공기관에서도 마찬가지입니다. 온갖 정치적 분쟁으로 항상 시끌벅적했던 뒤셀도르프는 프랑스 알프스에서 일어난 참사로 현재 무거운 침묵이 흐르고 있습니다.

W-03

일시 2015. 3.25. (참사 이후 2일)   **분량** 2분50초   **프로그램** Lokalzeit aus Düsseldorf
Titel(Bericht) Der Tag danach am Flughafen (BOO)   **제목(기자)** 다음날 뒤셀도르프 공항 (보OO)

Bericht Bleibt stark! Wir weinen mit euch!" Es sind Botschaften wie diese, die den Hinterbliebenen zeigen sollen, dass sie in ihrer Trauer nicht alleine sind. Dutzende solcher Nachrichten aus aller Welt kleben auf einem Pfeiler mitten in der Abflughalle des Flughafens. MOO kennt die Menschen, für die die Nachrichten bestimmt sind. Die Siebenundfünfzigjährige ist ehrenamtliche Notfallseelsorgerin und betreut die Familien und Freunde der Verstorbenen.

기자 '힘내세요, 우리도 함께 울고 있습니다.' 여러분은 혼자가 아닙니다. 이것은 추락사고에 대한 고통을 감내하고 있는 이들에게 보내는 메시지입니다. 전 세계에서 온 위로의 메시지가 이곳 뒤셀도르프 공항 출국장 중앙 기둥에 붙어 있습니다. 밀OO 씨는 이 메시지의 수신자를 알고 있는 사람입니다. 57세의 젤조르거인 그녀는 자발적으로 위급상황 파견업무를 맡고 있으며 현재 유가족과 참사를 당한 학생의 친구를 돌보고 있습니다.

---

3   NRW주의 주도(州都)

MOO (Notfall-Seelsorger) Es ist ein Gefühl und ich hatte das viel, dass man das Gespräch an – kann ich irgendwie helfen, ein Getränk bringen und da sehen sie schon ob dieser Mensch also die Bereitschaft hat, mit Ihnen zu sprechen oder eben nicht. Gibt es auch und das akzeptieren wir und respektieren, weil wir machen ja keine Missionarsarbeit.

Bericht Die Seelsorgerin drängt sich den Angehörigen nicht auf, sondern ist einfach da, wenn sie gebraucht wird. Als sie gestern von der Unglücksnachricht hört, bietet sie sofort ihre Hilfe an. Bis in den Abend ist sie für die Menschen im Einsatz, die ihre Eltern, Kinder oder Geschwister verloren haben. Die Eindrücke lassen sie nicht los, Abschalten ist kaum möglich.
MOO (Notfall-Seelsorger) Es geht, aber (es) ist sehr schwer; sehr sehr schwer, also die Nacht war sehr kurz.
Bericht Noch am Abend kommt der erste Flug aus Barcelona nach der Katastrophe in Düsseldorf an. Erleichterung und Freude bei den Passagieren und Angehörigen, aber auch mulmige Gefühle.
Mann Mit'm Auto kanns passieren, mit'm Flieger, ob das jetzt die Bahn ist oder sonstwie. Also. Aber geschockt war'n ma schon. Das muss man sagen.
Frau1 Wir waren total unter Spannung und vor allen Dingen was da passiert ist. Wir stehen 'n bisschen unter Schock. Weil das ist so furchtbar traurig und dann fliegt man im nächsten Flieger und empfindet das mit, was die Leute wohl empfunden haben in dem Moment. Das ist doch schlimm.
Frau2 Mir hat das unglaublich Leid getan, die junge(n) Leute die in Barcelona über Wochenende da rumgelaufen sind. Äh sie haben Deutsch gesprochen und ich habe gedacht: uuh vielleicht haben wir die gesehen. Und ich hoffe, dass die nicht gelitten haben, als der Flugzeuge abgestürzt ist.
Bericht Der Betrieb auf dem Flughafen geht heute weiter – unterbrochen durch eine Schweigeminute um 10:53 Uhr, dem Zeitpunkt, an dem die Germanwings-Maschine gestern abgestürzt ist.
Bericht Die Angehörigen sind entweder auf dem Weg zur Unglücksstelle oder nach Hause. Die,

뮐○○ (재난응급상황 젤조르거) 저는 그저 공감해주는 일을 할 뿐입니다. 이 분들에게는 이야기를 들어줄 사람이 필요해요. 그러면 저는, 혹시 제가 뭐 도와드릴 일이 있을까요, 하고 먼저 다가가서 묻고, 마실 것을 좀 갖다 드려요. 그러면 이 사람과 과연 이런 얘기를 나누어도 좋은지 한번 생각해보시게 되는 거지요. 물론 저희의 호의를 거절하시는 분도 계시고요. 저희는 다 받아들이고 그 분들의 뜻을 기꺼이 존중합니다. 왜냐하면 저희는 여기 절대로 목회나 선교를 하러 온 게 아니기 때문입니다.
기자 뮐○○씨는 속 얘기를 털어놓도록 달래거나 붙잡고 늘어지는 일을 하지 않습니다. 본인이 필요로 할 경우에 언제든지 도움이 될 수 있도록 그저 그 자리에 함께 있을 뿐입니다. 그녀는 어제 사고 소식을 들었을 때 즉시 헐턴으로 찾아갔고, 형제, 아이, 부모를 잃은 유가족과 함께 밤늦게까지 있었습니다. 충격과 아픔은 그녀에게도 고스란히 전해졌습니다. 그녀의 업무와 삶을 분리하는 것이 불가능할 정도입니다.
뮐○○ (재난응급상황 젤조르거) 괜찮습니다. 하지만 정말 힘들었어요. 정말 힘든 시간이었습니다. 그래도 어젯밤은 빨리 지나갔습니다.
기자 저녁에는 추락사고가 발생한 이후 바르셀로나에서 온 첫 번째의 항공편이 뒤셀도르프 공항에 도착했습니다. 승객과 그들의 가족은 안도의 한숨을 내쉬었지만 착잡함도 있었습니다.
남자 자동차나 비행기나 기차나 아니면 뭐 어떻게든 사고는 일어날 수 있어요. 하지만 그래도 정말 충격 받았습니다. 정말 깜짝 놀랐습니다.
여자1 우리는 일어난 그 사고 때문에 무서워서 벌벌 떨었습니다. 우리는 다들 크게 충격을 먹었습니다. 진짜 말도 안 되고, 너무 슬픈 일이고. 그리고 다음 비행기가 이륙했는데, 저희 모두는 아마 그때 사고 난 비행기에 탑승해 있던 사람들이 느꼈던 그런 기분을 느끼지 않았을까 싶네요. 정말 무서웠습니다.
여자2 저는 개인적으로 마음이 너무 아팠습니다. 주말 내내 바르셀로나에서 젊은 학생을 많이 봤는데, 아이들이 독일어를 하는 거였어요. 그래서 저 아이들이 내가 봤던 애들 같은데 하고 생각했지요. 그 아이들이 제발 사고 난 비행기에 타고 있던 학생이 아니었으면 합니다.

기자 뒤셀도르프 공항은 오늘도 정상적으로 운영되지만 10시 53분 묵념시간에만 잠시 가동이 중단되었습니다. 10시 53분은 바로 전날 저먼윙스 여객기가 추락한 시각입니다.
기자 유가족은 여객기 추락 현장으로 가거나 아니면 집으로 돌아갈 예정입니다. 뮐○○ 씨는 근처

93

| die in nahegelegenen Hotels untergebracht sind, will M○○ heute wieder treffen. Sie weiß, dass sie gebraucht wird.
M○○ (Notfall-Seelsorger) Helfen ist immer ein gutes Gefühl. Und ich hatte das Gefühl, ich konnte helfen.
Bericht 'Bleibt stark! Wir weinen mit euch!' Ein Wunsch, der von Düsseldorf aus an die Familien aller Opfer gerichtet ist. | 호텔에서 묵고 있는 유가족을 다시 만나러 갑니다. 그녀는 자기를 필요로 한다는 것을 알고 있습니다.
뮐○○ (재난응급상황 젤조르거) 도움을 주는 것은 항상 좋은 일입니다. 제가 유가족에게 어떻게든 도움이 될 수 있을 거라고 생각했어요.
기자 '힘내세요, 우리도 함께 울고 있습니다.' 이것은 뒤셀도르프의 시민 모두가 유가족에게 전하는 마음입니다. |

W-04

일시 2015. 3.25. (참사 이후 2일) **분량** 5분36초 **프로그램** Aktuelle Stunde

Titel(Bericht) Trauer in Haltern (H○○)	제목(기자) 비탄에 빠진 할턴시(市) (헴○○)
G○○ (Hauptstudio) Ja, wie gesagt, aller Orten wird der 150 Opfer gedacht. Öffentliche Gebäude hatten Trauerbeflaggung gehisst. An vielen Orten wurden, wie eben schon gesehen, Schweige- und Trauerminuten abgehalten. **M○○ (Hauptstudio)** In ganz Deutschland wird getrauert. Aber dieses Land, Nordrhein-Westfalen ist halt ganz besonders betroffen. Es wurde heute bekannt: 50 der Todesopfer stammen aus Nordrhein-Westfalen. **G○○ (Hauptstudio)** Und ein Ort der Trauer, der besonderen Trauer, ist natürlich die Stadt Haltern. Hier gibt es die Trauer um die 16 Schüler einer Spanischklasse und ihre beiden jungen Lehrerinnen. Diese Trauer ist nach wie vor unermesslich. Am Vormittag haben sich in der Schule Angehörige getroffen aber auch einfach nur Bürger dieser Stadt, um sich gemeinsam Halt zu geben. **Bericht** 'Gestern waren wir Viele, heute sind wir allein.' - das beschreibt die Fassungslosigkeit und Trauer einer Schule, einer ganzen Stadt. In Gruppen werden die Schüler auf den Hof begleitet. Stille ist das, was heute am meisten auffällt am Joseph-König-Gymmnasium in Haltern. Der Tod der Mitschüler und Lehrerinnen hinterlässt bei den Schülern Fragen. Trauerbegleiter sind für sie da. **S○○ (Trauerbegleiterin)** Dann haben die Kinder Dinge benannt von wegen, ähm: Wird das häufiger sein? Sind die jetzt im Himmel? Merken die, ähm, dass wir an die denken und traurig sind? Wie geht es den Eltern? Ähm. Ist das schlimmer, wenn das Einzelkind gestorben ist? Wieso haben die Piloten das Flugzeug nicht gerettet? All solche Fragen waren eben	**게○○ (스튜디오 앵커)** 네, 말씀드렸다시피 전체 사망자 수는 150명으로 추정됩니다. 관공서와 기타 공공기관에는 모두 조의기가 게양되었습니다. 그리고 이미 보셨다시피 곳곳에서 잠시 활동을 중단하고 희생자를 위한 묵념의 시간을 가졌습니다. **마○○ (스튜디오 앵커)** 독일 전역이 슬픔에 빠졌습니다만 그 슬픔이 가장 깊은 지역은 바로 NRW주입니다. 현재 사망자 가운데 50명 정도가 NRW 주민인 것으로 밝혀졌습니다. **게○○ (스튜디오 앵커)** 그리고 그 중에서도 할턴 시민이 받은 충격이 가장 큽니다. 이곳 김나지움에서 스페인어 수업을 듣는 학생 16명과 반을 인솔하는 젊은 여교사 2명이 사고를 당했습니다. 그 슬픔은 차마 말로 표현할 수 없을 정도입니다. 서로에게 힘이 되기 위해 학생과 유가족뿐만 아니라 시민 모두가 이날 오전 학교에 나왔습니다. **기자** '어제는 그렇게 많았는데 이제는 우리뿐이네요.' 남겨진 학생과 시민의 슬픔이 어떠한지 단적으로 보여주는 문구입니다. 학생들은 함께 무리지어 교정으로 나왔습니다. 오늘 이곳 할턴의 요제프 쾨니히 김나지움에서는 무거운 침묵만이 흐르고 있습니다. 친구와 선생님의 죽음으로 학생들은 참으로 어려운 질문과 마주하게 되었습니다. 학생 곁에는 애도상담사가 함께 있습니다. **슈○○ (애도상담사)** 아이들은 지금 심적으로 크게 괴로워 하고 있습니다. 이런 일이 자주 일어나는 것일까? 친구들은 지금 하늘나라에 가 있을까? 우리가 친구를 기억하고 있고 슬퍼하고 있다는 사실을 친구가 과연 알고 있을까? 부모님은 또 어떨까? 하나밖에 없는 자식이 죽었다면 그 슬픔은 정말 어느 정도일까? 항공기 기장은 왜 사고를 막을 수 없었던 것일까? 이런 물음들로 말입니다.

dagewesen.
Bericht 50 Seelsorger und Trauerbegleiter kümmern sich heute um die Schüler und um die Lehrer. Die Polizei hat den Schulhof abgesperrt, um den Schülern Raum zu geben für ihre Traurigkeit. Das Medieninteresse ist groß. Journalisten und Kamerateams aus der ganzen Welt berichten über die Schule, die um 18 Menschen trauert. Schulministerin L○○ ist selber Lehrerin.Ihr war es wichtig heute an der Seite des Schulleiters zu stehen.
L○○ (B'90/Die Grünen, Shulministerin NRW) Den Schmerz eines verlorenen engen Familienmitgliedes oder Freundes oder Freundin, den kann niemand, keine Macht der Welt den Menschen nehmen. Wir können ihn nur teilen.
Bericht Auch der Weihbischof G○○ aus Münster suchte nach Worten des Trostes. Es fiel ihm schwer.
G○○ (Weihbischof Münster) Ich drücke das aus, was im Moment in mir lebt. Nicht, die Frage nach Gott: Wo ist Gott? Wo war er? Das ist die Frage, die Viele beschäftigt. Die mich genauso beschäftigt. Habe erzählen können, dass ich gestern Abend in der St. Sixtus Kirche war, dort gebetet habe, Kerzen angezündet habe, genauso geweint habe, wie viele Schülerinnen und Schüler jetzt.
Bericht Morgen um 10.53 soll es landesweit eine Schweigeminute geben. Um 10.53 riss der Kontakt zu der Maschine ab. Die Welt steht still heute in Haltern.
M○○ (Hauptstudio) Und der Schulleiter dieser Schul- Und der Schulleiter dieser Schule, W○○, der hat heute gesagt: 'Ich hoffe, dass wir diese Trauer überstehen, wenn wir die Trauer teilen.' H○○, auch heute mit dieser Traurigkeit um.
H○○ (Live aus Haltern) Sie geht damit ähnlich um, wie sie gestern auch schon damit umgegangen ist: in Stille hauptsächlich. Man spürt es beim Gang durch die Stadt. Es wird wenig geredet und wenn dann sehr sehr ruhig. Man sieht aber auch, die Stadt rückt zusammen. Wenn man Menschen sieht, dann ist das Unglück natürlich das Thema, über das die Menschen sprechen. Aber sie fassen sich dabei an. Sie versuchen sich gegenseitig zu trösten. Auffallend war auch, als ich durch die Stadt gegangen bin, dass einige Geschäfte geschlossen haben und dass sie Bilder und Tafeln in ihre Geschäfte gehangen haben, auf

기자 오늘 50명의 젤소르거와 애도상담사가 학생과 교사를 돌보고 있습니다. 학생의 슬픔을 위한 공간을 확보하기 위해 현재 경찰이 학교 교정 출입을 차단하고 있습니다. 언론의 관심은 엄청납니다. 전 세계에서 온 수많은 기자와 취재진이 18명의 죽음을 애도하는 이 학교를 보도하고 있습니다. 주(州) 교육부 장관 뢰○○은 본인 스스로 학교 일선에서 교사직을 맡고 있는 사람이기도 합니다. 장관은 오늘 할턴 김나지움 교장을 위로할 필요를 느꼈습니다.

뢰○○ (동맹90/녹색당, NRW주 교육부 장관) 가족을 잃은 사람의 슬픔, 친한 친구를 잃은 사람의 상실감은 어느 누구도, 세상 그 어느 권력자도 해소해 줄 수 없습니다. 우리는 그저 그 슬픔에 함께 동참할 수 있을 뿐입니다.

기자 뮌스터 교구 부주교 겔○○도 힘겹게 위로의 말을 전했습니다.

겔○○ (뮌스터 교구 부주교) 지금 제 마음속에 드는 생각을 있는 그대로 말씀드리겠습니다. 정말, 하느님은 어디에 계셨던 건지? 아니 계시는 한 건지? 이런 것들, 많은 사람이 던지는 이런 질문들 말입니다. 저도 그렇습니다. 어제 밤 성 식스토 성당에서 기도하고 있을 적에, 지금도 여전히 학생이 울고 있기는 하지만 어제 저도 울면서 촛불을 켰을 때 떠올랐던 것들을 사람들과 나누었습니다.

기자 내일 오전 10시 53분에는 주(州) 전역에서 묵념시간을 가집니다. 10시 53분은 여객기가 추락한 바로 그 시각입니다. 할턴은 온 세상이 멈춰버린 것처럼 보입니다.

마○○ (스튜디오 앵커) 그리고 할턴 김나지움 교장 선생님인 베○○ 씨는 오늘 이렇게 말씀하셨습니다. '이 슬픔을 함께 나누면 우리가 슬픔을 이겨낼 수 있기를 바랍니다.' 후○○ 기자가 오늘 슬픔에 대해서 전해주시겠습니다.

후○○ (할턴 생방송 기자) 할턴에서의 슬픔과 애도는 모두 어제와 같습니다. 이곳 분위기는 전반적으로 무겁고 매우 고요합니다. 그 적막함을 시내를 걸어 다니기만 해도 당장 느낄 수 있습니다. 사람들은 서로 대화를 나누는 일이 없으며, 말을 해도 그 소리는 정말 거의 들리지 않을 정도입니다. 시민이 모두 긴밀하게 하나가 되어가는 모습을 어렵지 않게 보실 수 있습니다. 누구를 만나서 이야기를 하던 이 불행한 사고를 떠올리지 않는 사람이 없습니다. 하지만 단순히 화제가 되는 것이 아니라 모두들 슬픔을 함께 느끼고 있으며, 서로를 위로하고 있습니다. 제가 아까 시내에 있었을 적에 몇몇 상점이 문을 닫은 것을 보았는데, 상점 앞에는 희생자를 애도하고 추모하는 문구와

denen stand, dass ihre Gedanken, ihr Mitgefühl bei allen Angehörigen sind, dass man bei ihnen ist und das Mitleid ausdrückt. Ich bin auch in der Kirche gewesen. Auch da sind Kerzen abgestellt worden, ganz ähnlich wie in der Schule. Und auch da haben heute den ganzen Tag die Menschen diese Stille gesucht, einen Rückzugsort, um trauern zu können, um zu verarbeiten was eigentlich passiert ist, um vielleicht auch mit diesen Fragen umzugehen, die eben im Beitrag benannt wurden. Denn das beschäftigt auch wirklich alle hier. In dieser Kirche waren auch Kondolenzbücher ausgelegt und ich habe heute, ein junger Mann hat mich angesprochen und er hat sich ein solches Kondolenzbuch angesehen und es stand darin von einer Schülerin geschrieben: 'Ich bin so froh, dass ich mich vor einer Woche von dir habe verabschieden können.' Weiter hat er nicht lesen können und andere Beiträge auch nicht lesen können. Er sagt, es geht einfach sehr sehr nahe. Das beschreibt eben auch, was die Menschen hier empfinden. Es geht allen sehr sehr nahe. Es sind 37.000 Einwohner hier in Haltern. Und das heißt: man kennt sich und man weiß wer die Verstorbenen sind. Und das ganz Schlimme sind halt die Geschichten, die nach und nach zu Tage kommen. Unter anderem auch die, dass die Schüler, die betroffen sind per Losverfahren ausgewählt wurden. Es haben sich für diesen Spanischaustausch sehr viel mehr Schüler beworben als dann letztendlich mitdurften. Und dann wurde per Los entschieden, wer fliegen darf. Und die anderen mussten zurückbleiben. Und die, die gedacht haben sie haben etwas verloren, die müssen heute mit der Tragik leben, dass sie eigentlich etwas gewonnen haben, nämlich ihr Leben. Und wie das für sie ist, das kann man sich wirklich nicht vorstellen, so wie man sich das alles nicht vorstellen kann, was hier tatsächlich mit den Menschen passiert. Wir stehen wirklich absichtlich hier am Radthaus, wir stehen nicht an der Schule, weil auch wir möchten, dass die Menschen hier einen Rückzugsort haben, dass sie in Ruhe trauern können und dass sie die Stille, die sie offensichtlich ja so suchen auch wirklich bekommen ohne von uns dabei gestört zu werden.

학생과 선생님과 유가족을 위로하는 메시지가 적힌 팻말과 사진이 걸려 있었습니다. 성당에도 들렀는데, 성당 안에는 학교 교정에서 보셨던 것과 같은 수많은 초가 밝혀져 있었으며, 오늘 하루 종일 수많은 사람이 기도하는 모습을 볼 수 있었습니다. 사람들은 다들 지금 일어난 사건을 받아들일 수 있도록 마음을 다잡고, 슬픔에 잠길 수 있는 조용한 장소를 찾았던 것입니다. 어쩌면 방금 전 보도에서 언급되었던 것과 같은 무거운 질문에 대해 모두들 진지하게 답을 구하고 싶었는지 모릅니다. 정말로 이곳에 있는 모든 사람이 똑같은 질문을 마주하고 있습니다. 그리고 이 성당 내부에는 조문록이 놓여 있는데요, 아까 한 젊은 남자분과 만나 잠깐 이야기를 나누었는데, 그분이 조문록을 들춰 봤는데 거기에 한 여학생이 이렇게 쓴 것을 봤더랍니다. '나는 그래도 일주일 전에 너랑 작별인사를 할 수 있었던 것에 감사하고 기쁘게 생각해.' 그리고 차마 더 읽을 수가 없었고, 다른 것도 그 이상은 읽을 수가 없었다고 했습니다. 또 그 마음이 정말 고스란히 다 전해졌다고 했습니다. 이것은 그 젊은 청년뿐만 아니라 이곳에 있는 모든 사람이 똑같이 하는 말입니다. 모두가 그 마음, 그 슬픔을 느낄 수 있습니다. 할턴 시의 주민은 대략 37,000명 정도 밖에 안 됩니다. 무슨 뜻이냐면, 이곳 주민들은 서로를 잘 알고 사고를 당한 사람이 누군지도 다 안다는 뜻입니다. 하지만 계속해서 밝혀지는 새로운 소식이 우리에게 안타까움을 더해주고 있습니다. 그중에서도 가장 안타까운 것은 사고를 당한 학생이 추첨을 통해 뽑힌 아이들이라는 점입니다. 스페인 어학연수 교환학생 프로그램에는 지원자가 너무 많았고, 그래서 허용된 인원을 초과하였기 때문에 추첨을 통해 선발할 수밖에 없었답니다. 제비뽑기에서 뽑힌 학생만 스페인에 갈 수 있었고 나머지는 학교에 남아있어야 했습니다. 그리고 탈락했다고 우울해 있던 아이들은 오늘 엄청난 비극을 피해 살 수 있게 되었습니다. 비록 어학연수 기회는 얻지는 못했지만, 남겨진 아이들은 그 대신 비극적인 방식으로 삶을 얻었던 것입니다. 지금 이 아이들 심정이 어떨지 상상할 수조차 없을 것입니다. 그것은 대체 무슨 일이 일어난 것인지 우리가 도저히 받아들이지 못하는 것과 똑같습니다. 저희는 학교 앞이 아니라 지금 일부러 시청 건물 앞에 나와 소식을 전해드리고 있어요, 왜냐하면 사람들 모두 저기 학교를 침묵과 기도와 애도의 장소로 여기고 있기 때문입니다. 조용히 애도하고 싶은 사람들이 계속해 많이 있고 그런 모두를 위한 슬픔의 장소는 무엇에도 방해받아서는 안 된다고 보고 있습니다.

W-05

일시 2015. 3.25. (참사 이후 2일) **분량** 7분18초 **프로그램** Lokalzeit aus Dortmund

| Titel(Bericht) Haltern am Tag nach dem Flugzeugabsturz (H○○) | 제목(기자) 추락사고 다음날 할턴 (헴○○) |

Bericht 'Gestern waren wir Viele, heute sind wir allein.' – das beschreibt die Fassungslosigkeit und Trauer einer Schule, einer ganzen Stadt. In Gruppen werden die Schüler auf den Hof begleitet. Stille ist das, was heute am meisten auffällt am Joseph-König-Gymnnasium in Haltern. Der Tod der Mitschüler und Lehrerinnen hinterlässt bei den Schülern Fragen. Trauerbegleiter sind für sie da.
S○○ (Trauerbegleiterin) Dann haben die Kinder Dinge benannt von wegen, ähm: Wird das häufiger sein? Sind die jetzt im Himmel? Merken die, ähm, dass wir an die denken und traurig sind? Wie geht es den Eltern? Ähm. Ist das schlimmer, wenn das Einzelkind gestorben ist? Wieso haben die Piloten das Flugzeug nicht gerettet? All solche Fragen waren eben dagewesen.
Bericht Auch der Weihbischof G○○ aus Münster suchte nach Worten des Trostes. Es fiel ihm schwer.
G○○ (Weihbischof Münster) Ich drücke das aus, was im Moment in mir lebt. Nicht, die Frage nach Gott: Wo ist Gott? Wo war er? Das ist die Frage, die Viele beschäftigt. Die mich genauso beschäftigt. Habe erzählen können, dass ich gestern Abend in der St. Sixtus Kirche war, dort gebetet habe, Kerzen angezündet habe, genauso geweint habe, wie viele Schülerinnen und Schüler jetzt.
Bericht 50 Seelsorger und Trauerbegleiter kümmern sich heute um die Schüler und um die Lehrer. Die Polizei hat den Schulhof abgesperrt, um den Schülern Raum zu geben für ihre Traurigkeit. Das Medieninteresse ist groß. Journalisten und Kamerateams aus der ganzen Welt berichten über die Schule, die um 18 Menschen trauert. Der Schulleiter W○○ tritt heute zum ersten Mal vor die Presse. Es fällt ihm sichtlich schwer.
W○○ (Schulleiter) Da sind Lebensentwürfe von einer Minute zur anderen geplatzt. Und auch diese Kolleginnen werden eine Lücke bei uns hinterlassen. Ich sag jetzt bewusst nicht in unserem Kollegium. Wir verstehen uns als Schulgemeinde. Und 16 Schüler zu verlieren und zwei Kollegen zu verlieren das reißt eine

기자 '어제는 그렇게 많았는데 이제는 우리뿐이네요.' 남겨진 학생과 시민의 슬픔이 어떠한지 단적으로 보여주는 문구입니다. 학생들은 함께 무리지어 교정으로 나왔습니다. 오늘 이곳 할턴의 요제프 쾨니히 김나지움에서는 무거운 침묵만이 흐르고 있습니다. 친구와 선생님의 죽음으로 학생들은 참으로 어려운 질문과 마주하게 되었습니다. 학생 곁에는 애도상담사가 함께 있습니다.
슈○○ (애도상담사) 아이들은 지금 심적으로 크게 괴로워 하고 있습니다. 이런 일이 자주 일어나는 것일까? 친구는 지금 하늘나라에 가 있을까? 우리가 친구를 기억하고 있고 슬퍼하고 있다는 사실을 친구는 과연 알고 있을까? 부모님은 또 어떨까? 하나밖에 없는 자식이 죽었다면 그 슬픔은 정말 어느 정도일까? 항공기 기장은 왜 사고를 막을 수 없었던 것일까? 이런 물음으로 말입니다.
기자 뮌스터 교구 부주교 겔○○도 힘겹게 위로의 말을 전했습니다.
겔○○ (뮌스터 교구 부주교) 지금 제 마음속에 드는 생각을 있는 그대로 말씀드리겠습니다. 정말, 하느님은 어디에 계셨던 건지? 아니 계시기는 한 건지? 이런 것들, 많은 사람이 던지는 이런 질문 말입니다. 저도 그렇습니다. 어제 밤 성 식스토 성당에서 기도하고 있을 적에, 지금도 여전히 학생이 울고 있기는 하지만 어제 저도 울면서 촛불을 켰을 때 떠올랐던 것을 사람들과 나누었습니다.
기자 오늘 50명의 젤조르거과 애도상담사가 학생과 교사를 돌보고 있습니다. 학생의 슬픔을 위한 공간을 확보하기 위해 현재 경찰이 학교 교정 출입을 차단하고 있습니다. 언론의 관심은 엄청납니다. 전 세계에서 온 수많은 기자와 취재진이 18명의 죽음을 애도하는 이 학교에 모두 보도하고 있습니다. 김나지움 교장 베○○은 오늘 처음으로 카메라 앞에 나왔습니다. 그는 괴로움을 감추지 못했습니다.
베○○ (교장) 아직 자기 꿈을 제대로 펼쳐보지도 못한 아이들이 죽은 거예요. 저희 선생님들 사이에도 큰 빈 자리가 하나 생겼습니다. 저는 지금 교직원 자리가 비었다고 말씀드리는 것이 아닙니다. 우리 선생님들은 이 학교에서 모두 한 공동체를 이루고 있습니다. 열여섯 명의 학생과 두 명의 선생님을 잃은 것은 우리에게 너무나도 큰 아픔이

Wunde, die ganz langsam verheilt, aber auf jeden Fall tiefe Narben hinterlässt.
Bericht Schulministerin L○○ ist selber Lehrerin. Ihr ist es wichtig heute an der Seite des Schulleiters zu stehen.
L○○ (Die Grünen, Shulministerin NRW) Den Schmerz eines verlorenen engen Familienmitgliedes oder Freundes oder Freundin, den kann niemand, keine Macht der Welt den Menschen nehmen. Wir können ihn nur teilen.
Bericht Die Pressekonferenz wird im Rathaus abgehalten, damit niemand die Schüler und Angehörigen bedrängt. Die allermeisten Journalisten respektieren das.
K○○ (CDU, Bürgermeister) Es gab natürlich auch die ein oder anderen unerfreulichen Dinge. Ich hab gerad gehört, dass von einigen Medienvertretern die Schüler angesprochen wurden doch Fotos mit den Handys in der Schule zu machen. Das geht natürlich nicht. Und da sind wir dann auch eingeschritten und deswegen finden auch alle Interviews und alle Gespräche hier vor dem Radthaus statt und nicht vor dem Schulgelände.
Bericht Aber, dass so viele hier berichten und anteilnehmen das spende auch Trost. Morgen um 10.53 soll es eine Schweigeminute geben. Um 10.53 riss der Kontakt zur Maschine ab.
Moderator Zu Gast ist Professor G○○, Entschuldigung!, Experte für Notfallpsychologie. Lassen Sie uns über die Medienarbeit sprechen! Noch nie zuvor waren in Haltern so viele Medienvertreter. Inwiefern ist das angemessen und richtig. Oder wann ist das vielleicht auch verkehrt?
G○○ (Psychologe) Was hätte man tun sollen? Hätte man ein Verbot aussprechen sollen? Insbesondere gegenüber den Internationalen wäre wahrscheinlich nicht gegangen. Und ansonsten habe ich den Eindruck, dass die Stadt Haltern und die Schule sich sehr seriös verhalten hat. Sie hat den direkten Zugang abgeblockt, hat aber die globale Berichterstattung erlaubt.
Moderator Wir erhalten ja über au- über unsere sozialen Netzwerke aber auch in anderen Netzwerke viel Feedback über die Berichterstattung. Und immer wieder heißt es es bedient auch sehr den Aspekt Voyeurismus.
G○○ (Psychologe) Ja, also Voyeurismus ist ein

고, 이 상처가 아물려면 정말로 오랜 시간이 걸릴 만큼 정말 깊은 상처입니다.
기자 주(州) 교육부 장관 뢰○○는 학교 일선에서 교사직을 맡고 있는 사람이기도 합니다. 장관은 오늘 할턴 김나지움 교장을 위로할 필요를 느꼈습니다.
뢰○○ (녹색당, NRW주 교육부 장관) 가족을 잃은 사람의 슬픔, 친한 친구를 잃은 사람의 상실감은 어느 누구도, 세상 그 어느 권력자도 해소해 줄 수 없습니다. 우리는 그저 그 슬픔에 함께 동참할 수 있을 뿐입니다.
기자 어느 누구도 유가족이나 학생에게 접근하지 못하도록 기자회견은 시청에서 열렸습니다. 대부분의 기자는 이러한 결정을 존중하고 있습니다.
클○○ (기독민주당, 할턴 시장) 물론 불쾌한 일이 전혀 없었던 것은 아닙니다. 방금 들었는데, 몇몇 취재진이 학생에게 접근해서 교정 안쪽 사진을 핸드폰으로 찍어달라고 부탁했다고 하더군요. 이러시면 정말 안 됩니다. 저희가 즉시 개입해서 조치를 취했었고요. 그래서 모든 취재와 인터뷰는 학교 주변이 아니라 여기 시청 건물 앞에서만 하시도록 되어 있습니다.
기자 하지만 여기 이렇게 많은 사람이 와서 소식을 전하고 또 슬픔에 동참하고 있다는 사실은 위로가 되는 일이기는 합니다. 내일 오전 10시 53분에는 주(州) 전역에서 묵념시간을 갖습니다. 10시 53분은 여객기가 추락한 바로 그 시각입니다.
앵커 스튜디오에 재난응급심리학 전문가이신 가○○ 교수님을 모셨습니다. 언론 보도에 대해서 말씀 나누겠습니다. 할턴에는 아마 이번처럼 많은 취재진이 몰린 적이 지금껏 한 번도 없었을 것입니다. 어떤 것이 적절하고 올바른 취재일까요? 아니면 언제 취재가 선을 넘게 되었을까요?
가○○ (심리학자) 어떤 조치를 취해야만 했을까요? 아예 취재 금지령 같은 것을 내려야 했을까요? (금지한다고 해도) 솔직히 외신에 대해서는 아마 그러지 않았을 것입니다. 저는 개인적으로 할턴 시와 해당 학교가 너무 엄격한 조치를 취했다고 생각합니다. 직접적인 접근은 막았지만, 외신이 보도하는 것은 허용했습니다.
앵커 저희는 여러 SNS를 통해서 보도행태에 관한 많은 의견을 받았는데요. (이번 사건과 관련해서는) 관음증과 같은 양상을 보이고 있다는 의견이 계속해서 올라오고 있습니다.
가○○ (심리학자) 아... 네, 관음증은 좀 부정적인

negativ akzentuiertes Wort. Aber ansonsten wenn man - also die Tendenz zuzuschauen an Ereignissen ist eine Urtendenz des Menschen. Wenn es hier plötzlich knallt und es gibt einen Lichteffekt - wir, wir drehn uns alle um und schauen. Wir orientieren uns. Und dann kommt noch hinzu ein, ja wenn Sie sagen Voyeurismus, man will etwas erkennen, was man vorher nicht gesehen hat, das soll möglichst selten sein, soll möglichst, äh spektakulär sein und soll möglichst auch negativ sein. Ähm na gut, man kommt auch dazu, wenn ein Brückenteil eingepasst wird. Dann schaun die Leute auch zu. Oder wenn ein Passagierschiff runterfährt. Äh, aber schon ein, der Einsturz eines Hochhauses, eine Sprengung, ist wahrscheinlich attraktiver als das Einfahren einer Brücke.

Moderator Aber, dennoch sind es, dennoch sind es Situationen wo Menschen auf den Plan treten und da frag ich Sie ob berechtigt oder nicht, die sagen im Mittelmeer sterben jeden Tag hunderte Flüchtlinge. Das ist uns schon keine Meldung mehr wert. Wir sind hier aber sehr betroffen. Wie schätzen Sie das ein?

GOO (Psychologe) Ja. Ja. Ja. Das ist eine Frage der Distanz. Je näher man mit dem Ereignis verbunden ist, emotional und vielleicht auch damit verbunden geographisch, desto stärker ist die Betroffenheit. Also die Eltern, die ihre Kinder verloren haben, ist wahrscheinlich die näheste Verbindung, die man haben kann. Ein, wenn der Mitschüler tot ist, ist das eine etwas weniger nahe und wenn ein ein Böhme in Schleswig-Holstein Haltern sieht dann ist das noch weniger und jemand in China - dann ist das ganz wenig.

Moderator Sie sind Experte für Notfallpsychologie. Wie nehmen die unmittelbar betroffen Menschen am Beispiel in Haltern, wie nehmen die das wahr, dass wir jetzt so ausführlich berichten?

GOO (Psychologe) Das weiß ich nicht genau. Ich hab da keine Studien vorliegen, wie die das wahrnehmen. Aber ich vermute, sie halten es für normal, so wie sie, weil immer wenn was passiert kommt eine, kommt ein Bericht darüber. Ich hätte gern gewusst ob denn die betroffenen Eltern diese Sendung sehen oder nicht, sie anschauen oder nicht anschauen.

뉘앙스를 가진 단어죠. 하지만 그 외에는... 사실 어떤 사건을 눈으로 보고 싶어 하는 욕구는 인간의 근본욕구입니다. 여기서 갑자기 무언가 펑 하고 터지고 빛이 번쩍 했다고 해 보세요. 그러면 우리 모두는 몸을 돌려 그것을 보려고 할 겁니다. 우리는 그것에 관심을 가지게 되어 있어요. 그리고 이어서 무언가 또 다른 일이 생기지요. 그러면, 뭐, 방금 관음증이라고 말씀하시기도 했지만, 사람들은 그 전에 자기가 보지 못했던 것도 알고 싶어 하게 되는 겁니다. 그리고 이런 경우가 가능한 드물어야 하고요, 그것이 엄청난 것이어야 하고요, 그리고 물론 가능한 부정적인 것이어야 합니다. 네 물론, 또, 사람들은 다리가 건설되는 것을 보려고 가는 경우도 있습니다. 그러면 가서 그냥 지켜보고 있는 거예요. 아니면 배가 침몰하고 있을 때요. 하지만 고층 빌딩이 무너지거나 큰 폭발이 일어나는 것을 보는 것이 다리를 건설하는 과정을 지켜보는 것보다는 더 매력적인 것이 사실입니다.

앵커 그런데요, 하지만 사람들에게 직접 해당되는 상황이 있지 않겠습니까. 이런 경우에는 그럼 정당화될 수 있는 건지 아닌지 여쭙고 싶습니다. 그러니까 지중해에서는 매일같이 물에 빠져 목숨을 잃는 난민만 수백 명이라고 하지 않습니까, 우리에게는 이제 더 이상 새로운 일도 아니지요. 하지만 우리는, 인간이 거기 있지 않습니까. 이건 어떻게 보십니까?

가OO (심리학자) 네 맞습니다. 거리를 두어야 한다는 거지요. 우리는 사건에 감정적으로 깊이 또 때때로 공간적으로도 가까이 연루되어 있을수록 그 사건이 나에게 닥친 사건이라고 더 강하게 인식하게 됩니다. 그러니까 자식을 잃은 부모님은 그 연결고리가 가장 가깝다고 볼 수 있고요, 친구를 잃어버린 아이는 그보다는 결속이 덜한 거지요. 또 슐레스비히 홀슈타인 주(州)에 사는 어떤 보헤미아 사람이 할턴을 본다면 그 정도가 더 덜할 것이고 중국에 있는 누군가가 이 사건을 본다면 아마 가장 적다고 할 수 있겠지요.

앵커 교수님은 재난응급심리학 전문가이신데요. 사건의 직접적인 당사자인 할턴 학생들은 저희들 언론이 지금 이렇게 (사적인 영역에까지 침범할 정도로) 상세하게 보도하는 것에 대해서는 어떻게 생각하고 있을까요?

가OO (심리학자) 잘 모르겠네요. 그들이 (언론이 이렇게 상세하게 보도하는 행태에 대해서) 어떻게 생각하는 지에 대해서 저는 아직 연구를 해본 바가 없고요. 하지만 저는 그들이 이러한 언론보도를 통상적인 일이라고 여기고 있을 것이라고 추측해 봅니다. 왜냐하면 어떠한 일이 생길 때마다 항상 거기에 대한 보도가 있기 마련이니까요. 저는 유가족이 이 방송을 보고 있는지 어떤지, 시청하고 있는지 알고 싶습니다.

Moderator Aber es schadet nicht unmittelbar der Verarbeitung?	앵커 그런데 (취재하고 촬영한 것을) 편집 또는 가공하는 것은 직접적으로 아무런 상관이 없고요?
GOO (Psychologe) Äh also ich vermute mal – also einen Satz kann ich bestätigen. Die Verarbeitung von solchen dramatischen Ereignissen ist höchst individuell und damit höchst verschieden. Es wird also sicher Leute geben, die sich das anschauen. Es wird sicher Leute geben, die sagen: Ne! Damit will ich mich nicht nochmal konfrontieren. Und äh das macht die Sache so schwierig was die Betreuung der entsprechenden äh äh Angehörigen betrifft.	가OO (심리학자) 저는 이렇게 생각합니다. 그러니까 이거 하나는 확실하게 말씀드릴 수 있습니다. 이런 드라마틱한 사건을 가공하는 작업은 극도로 주관적이어서 매우 다양할 수 있습니다. 그것을 시청하는 사람들이 분명 있을 겁니다. 하지만, 아이런 거 또 보고 싶지 않아, 하면서 시청하기를 거부하는 사람들도 분명히 있지요. 그리고 이렇게 되면 유가족을 보호하는 것과 같은 일이 어려워집니다.
Moderator Ja liebe Zuschauer, wir haben ein ausführliches Themenpaket natürlich auch bei uns im Internet für Sie bereitgestellt. Ihnen möchte ich danken für das Gespräch im Studio. Mit dem Hinweis auf unser Internet, nur eine Randnotiz vielleicht in der Tragödie ist: Der TuS Haltern, der Fußballverein hat dort alle Seniorenfußballspiele am Wochenende abgesagt, heute Nachmittag. Herzlichen Dank!	앵커 네, 시청자 여러분, 저희는 이 외에도 다른 자세한 담론 주제를 저희 인터넷에 올려놓았으니 참고해주시기 바랍니다. 스튜디오에 나와 주셔서 말씀 나눠주신데 대해 교수님께 감사드립니다. 저희 인터넷 웹사이트에 올라왔는데요, 이 비극적인 사고와 관련해서 작은 소식 하나만 전해드리겠습니다. 할턴 시 축구클럽은 주말에 있을 모든 중장년층 축구 시합을 취소한다고 합니다. 오늘 오후에 올라왔네요. 감사합니다.
GOO (Psychologe) Vielen Dank!	가OO (심리학자) 감사합니다.

W-06

일시 2015. 3.26. (참사 이후 3일) 　분량 2분47초　프로그램 Aktuelle Stunde

Titel(Bericht) Schweigeminute für Katastrophenopfer (GOO)	제목(기자) 희생자를 위한 묵념 (그OO)
Bericht 10:53 Uhr Haltern. Menschen treten aus den Geschäften. Stille.	기자 10시 53분 할턴의 모습입니다. 시민이 상점 밖으로 나옵니다. 침묵이 흐릅니다.
Bericht 10:53 Uhr Gymnasium Kempen, Jahrgangsstufe 10.	기자 10시 53분 켐펜 김나지움, 10학년 학생의 모습입니다.
Lehrer 4 Angehörige, Mitschüler, Kollegen und Freunde trauern um die Opfer. Wir wollen ihnen heute zur Seite stehen, indem wir als Zeichen unseres Mitgefühls in einer Schweigeminute der Opfer und Hinterbliebenen gedenken. Ich bitte dazu alle, sich zu erheben. (nach der Stille schwer zu verstehen) Vielen Dank.	교사 유가족, 친구와 나머지 학생, 선생님은 희생자를 애도하고 있어. 우리도 그들의 슬픔에 동참할 것이고, 잠시 희생자와 남겨진 이들 모두를 생각하며 묵념하는 것으로 우리의 마음을 전달할거야. 모두 자리에서 일어나고... (잠시 침묵).
Schüler Das ist erst mal 'n wichtiges Zeichen von Respekt. Also das man auch sagt, "das ist mir nicht egal, ich bin betroffen, ich find's schlimm, dass sowas passiert ist." Und dass das nicht einfach so an einem vorbeigeht.	남학생 이렇게 하는 건 일단 존중의 표시입니다. 그러니까, 이건 나랑 전혀 상관없는 일이 아니야, 나에게도 해당되는 일이야, 이런 일이 일어났다는 건 정말 나쁜 거야, 이렇게 말하는 것과 같아요. 며칠 있다가 잊어버리고 마는 그런 일이 아니라는 거지요.
Schülerin Letztens hatten wir halt auch mit der Schule 'nen Ausflug, wo wir halt auch selber geflogen sind. Dann hätte uns das eigentlich auch passieren können, weil wir auch nach	여학생 저희도 지난번에 한번 비행기를 타고 수학여행 갔다 왔었어요. 어쩌면 이건 우리에게 닥쳤을지도 모를 일이에요. 우리도 뒤셀도르프로 돌아오는 비행기를 탔었거든요.

Düsseldorf geflogen sind.
Bericht Flughafen Düsseldorf.
Lautsprecher Dear Passengers, ··· to take part in a minute of silence in memory of the victims of Germanwings flight 4U9525 as a sign of condolence.
Bericht Aachener Dom. Busbahnhof Bonn. Rathaus Bielefeld. Rathaus Haltern. Nach dem Innehalten trägt sich Bürgermeister K○○ in ein Kondolenzbuch ein, begleitet von politischen Kollegen.

기자 뒤셀도르프 공항입니다.
공항 안내방송 고객 여러분 ... 저먼윙스 여객기 4U9525편 추락사고 희생자에게 조의를 표하며 잠시 묵념의 시간을 가져주십시오.
기자 아헨주교좌성당입니다. 본 중앙 버스정류장입니다. 빌레펠트 시청입니다. 할턴 시청입니다. 추도 묵념 후 할턴 시장 클○○은 시청 관계자와 함께 조의록에 서명하였습니다.

W-07

일시 2015. 3.26. (참사 이후 3일)　분량 2분34초　프로그램 Aktuelle Stunde
Titel(Bericht) Erste Katastrophen-Opfer geborgen 제목(기자) 첫 번째 희생자 시신 수습 (무○○) (M○○)

Bericht Heute Morgen sind sie in Richtung Südfrankreich gestartet, mit einer Sondermaschine, um wenigstens in die Nähe des Ortes zu kommen, an dem ihre Angehörigen den Tod fanden. Eine Reise in den kleinen Ort Seyne-les-Alpes, um gemeinsam zu trauern, in einer provisorisch eingerichteten Kapelle. Und um zu begreifen, was geschehen ist. Doch ausgerechnet heute kamen neue, schockierende Nachrichten, die das Geschehene noch unfassbarer machen, die man den Familien natürlich nicht vorenthalten konnte.
R○○ (Staatsanwaltschaft Marseille)(Französisch mit Übersetzung) Gut, ich meine, wir sind zur Transparenz verpflichtet. Das hat ja der – unser Transportminister auch ganz öffentlich gesagt. Und die Familien der Hinterbliebenen, die wir jetzt hier bei uns haben, haben ein Recht darauf zu verstehen, was vorgefallen ist.
Bericht Die Nachricht, die den Angehörigen wohl hier bei ihrer Ankunft in Frankreich übermittelt wurde, ist endlich eine Antwort auf ihre Fragen, sagt auch H○○. Sie war als Notfallseelsorgerin bei verschiedenen großen Unglücken in NRW im Einsatz. Andererseits werfe diese Nachricht auch viele neue quälende Fragen auf.
H○○ (Notfallseelsorgerin) Ich glaube aber, dass die Verarbeitung dadurch auf keinen Fall erleichtert wird. Also der Hergang wird klarer,

기자 유가족은 오늘 사망자를 확인하기 위해 오전 특별운항기를 타고 프랑스 남부로 출발했습니다. 유가족은 사고 여객기 추락지점과 가장 가까운 지역에 도착할 것입니다. 다함께 애도할 수 있도록, 그리고 기억할 수 있도록 센 레 잘프라는 작은 마을에는 임시로 작은 추모 경당이 세워졌습니다. 그런데 공교롭게도 오늘 유가족이 몰라서는 안 될 충격적인 새로운 소식이 보도되었습니다. 이 소식은 추락사고를 더욱 이해할 수 없는 사건으로 만들었습니다.

로○○ **(프랑스 마르세이유 검찰)(프랑스어번역)** 네, 제 말은, 저희는 투명성을 확보할 의무가 있다는 것입니다. 그리고 이건 교통부 장관이 명백하게 발표한 내용이기도 하고요. 그래서 지금 여기 계시는 유가족분은 저희가 취한 조치를 이해해주실 필요가 있습니다.

기자 헨○○씨는 유가족이 이곳 프랑스에까지 와서 접하게 된 소식은 결국 그들이 제기한 의문에 대한 대답과 같이 되었다고 말합니다. 그녀는 NRW주에서 수많은 대형 사고가 일어났을 때 응급재난상황 젤조르거로 투입된 경험이 있습니다. 그런데 (프랑스 당국의) 보도는 유가족에게 또 다른 고통을 안겨주었다는 것입니다.

헨○○ **(응급재난상황 젤조르거)** 저는 그렇다고 해 이 사건이 발생한 이유가 결코 납득할 만한 것이 되는 것은 아니라고 봅니다. 사고가 난 경위는 분명

---
4 자막 없이 목소리를 듣고 교사로 추측함.

101

aber auf keinen Fall greifbarer.
Bericht Ein einzelner Mensch hat diese Katastrophe offenbar bewusst herbeigeführt, 149 andere mit in den Tod gerissen. Das ist kaum zu fassen und für Angehörige darum möglicherweise noch schlimmer als technisches oder menschliches Versagen. Es ist auch eine Nachricht, die es heute offenbar nötig macht, die einen Trauernden von den anderen zu trennen.
ROO (Staatsanwaltschaft Marseille) (Französisch mit Übersetzung) Die beiden Familien des Piloten und des Copiloten sind ebenfalls hier angekommen. Man hat sie aber nicht mit den anderen Hinterbliebenen zusammengebracht.
Bericht Einen Schuldigen zu identifizieren, das könne für Angehörige manchmal sogar eine Entlastung sein, sagen Seelsorger. Aber nur unter bestimmten Umständen.
HOO (Notfallseelsorgerin) Also das Entlastende ist, wenn es einen Schuldigen gibt, dass jemand verantwortlich ist. Der sich dann auch mit mir als Angehörigen als Betroffenen auseinandersetzen muss. Der damit leben lernen muss, dass er großes, großes Unglück über viele, viele Familien gebracht hat. Das ist jetzt in dem Fall nicht so.
Bericht Denn der, der das Unglück offenbar herbeiführte, ist tot. Nicht mehr zur Verantwortung zu ziehen. Dazu kommt: Die Bergung der Opfer wird sehr lange dauern. Eine Beerdigung, ein Abschied, das ist erst mal nicht möglich. All das macht es für die Angehörigen unglaublich schwer.

하게 드러나고 있지만, 바로 그 때문에 더더욱 이 해할 수 없는 사건이 되고 있습니다.
기자 특정한 한 개인이 명백히 의도적으로 이 사고를 야기한 것으로, 그러니까 나머지 149명을 죽음으로 내몬 것으로 밝혀졌습니다. 이것은 정말로 이해하기 어려운 사실이고 그래서 유가족에게는 아마 일체의 접근금지 조치보다도 더 받아들이기 힘든 것이 되었습니다. 게다가 오늘 공식적으로 보도된 바에 따르면 몇몇 유가족은 다른 유가족과는 분리해 조치했다고 합니다.
로OO (프랑스 마르세이유 검찰) (프랑스어번역) 지금 여객기 기장과 부기장의 유가족도 이곳에 와있습니다. 그리고 이들은 나머지 다른 유가족과 함께 있지 못하도록 분리시켜 놓은 상태입니다.
기자 헨OO씨는 사고유발자를 특정하는 것은 유가족 입장에서는 참으로 무거운 짐이 아닐 수 없다고 말합니다. 하지만 상황에 따라서만 그렇다고 합니다.
헨OO (응급재난상황 젤조르거) 견디기 힘든 것은 바로 어쨌든 원인제공자가 있다면 어느 누군가는 반드시 책임을 져야 한다는 사실입니다. 그는 유가족과 대립해야 하고, 자기가 수많은 가족을 불행에 빠뜨렸다는 사실을 마음속에 묻고 평생 살아가야 하는 것입니다. 그런데 지금 이 사고는 그런 상황이 아닙니다.
기자 왜냐하면 지금 이 불행을 야기한 그 사람도 사망했고 그래서 그에게 책임을 추궁할 수가 없습니다. 또한 한 가지 더 말씀드리자면, 시신 수색 작업은 굉장히 오래 걸릴 것으로 예상됩니다. 일단 장례나 고별식은 당장은 불가능합니다. 그리고 이러한 것들이 유가족을 더욱 비탄에 빠트리고 있습니다.

W-08

일시 2015. 3.27. (참사 이후 4일) 분량 4분07초 프로그램 Lokalzeit aus Dortmund

Titel(Bericht) GOO besucht Gedenkstunde in Haltern (EOO)	제목(기자) 할턴 추모미사에 참석한 연방대통령 가OO (에OO)
Bericht Es war ihnen selbst überlassen, heute am letzten Schultag vor den Ferien in die St. Sixtus Kirche zu kommen, zu einem Trauergottesdienst. Und sie waren fast alle da. Die Schüler, Schülerinnen und Lehrer des Joseph-König-Gymnasiums wollen den Schmerz gemeinsam ertragen, wollen zusammen sein in ihrer Traurigkeit. Hand in Hand betreten sie schweigend die Kirche. Bürgermeister KOO erwartet den Bundespräsidenten und die	**기자** 오늘, 방학을 하루 앞둔 수업 마지막 날, 학생들은 성 식스토 성당에서 거행하는 추모미사에 참석합니다. 거의 대부분이 이 자리에 함께 했습니다. 요제프 쾨니히 김나지움의 학생과 교사는 고통과 슬픔을 함께 나누길 원했습니다. 그들은 서로 손을 잡고 묵묵히 성당 안으로 들어갑니다. 할턴 시장 클OO은 밖에서 연방대통령과 주총리를 기다리고 있습니다. 연방대통령과 주총리도 오늘 추모미사에 참석합니다. 미사 중에는 세상을 떠난 16명의 학생과 교사 두 명의 이름을 불렀고,

Ministerpräsidentin. Sie wollen Trost spenden. Während des Gottesdienstes werden die Namen der 16 toten Schülerinnen und Schüler und der beiden Lehrerinnen vorgelesen. Für jeden wird eine Rose niedergelegt und eine Kerze angezündet. Der Bundespräsident versucht Worte zu finden für das unfassbare Leid der Eltern, Geschwister und der Freunde.
GOO (Bundespräsident) Mir ist bewusst, dass wir den Verlust nicht wieder herstellen können. Keine irdische Macht kann das. Aber indem wir zueinanderstehen entsteht doch etwas unendlich Kostbares, nämlich so ein - ein Band des Mitleidens und des Mittrauerns.

Bericht Gestern um 10:53 Uhr verharrten sie alle zu einer Gedenkminute auf dem Marktplatz. In Haltern ist die Fröhlichkeit gewichen. Man spürt die Schockstarre, die Trauer, die sich wie eine Glocke auf die Stadt gelegt hat. Und der Bürgermeister versucht zu funktionieren, zu organisieren, auf die Anfragen der Presse zu reagieren. Doch als er von den Journalisten erfährt, dass der Co-Pilot den Airbus absichtlich abstürzen ließ, da kann auch er nicht mehr. Der Alptraum in seiner Stadt nimmt kein Ende.
KOO (Bürgermeister Haltern) Ich habe vorgestern gedacht, dass es die schlimmste Nachricht ist, die ich jemals überbracht bekommen habe, eben von diesem Unglück, und dass man das noch verschlimmern kann, das hätte ich, hätte ich wirklich nicht gedacht. Also jetzt mischt sich natürlich auch so'n bisschen Wut unter - unter die Gefühle.
Bericht Wie er so funktionieren jetzt auch andere. SOO fährt jeden Morgen nach Haltern, um für die geschockten Schüler da zu sein. Die Trauerbegleiterin und ihre Kollegin gehen, wie die Seelsorger, gemeinsam mit den Lehrern in die Schulklassen. Fragen stellen, auch auf manches Antworten geben und zuhören, das können sie. Die Trauerbegleiterin verspricht den Schülern, dass nichts von dem, was dort besprochen wird, nach außen dringt. Sie weiß, wie man mit der unendlichen Traurigkeit der Familien umgehen sollte.
SOO (Lavia Trauerbegleitung e.V.) Dass die Angehörigen gesehen werden, wahrgenommen werden, dass sie angesprochen werden von ihren Freunden und Verwandten. Dass man keine Angst hat, hinzugehen. Dass man nicht

그들 모두에게 장미꽃 한 송이와 초 하나씩 봉헌되었습니다. 연방대통령이 유가족과 남은 학생에게 위로의 말을 전합니다.

가OO (독일연방대통령) 이미 떠나가 버린 이들은 다시 돌아오지 않는다는 것은 저도 잘 알고 있습니다. 우리 곁을 떠난 이들을 다시 데려올 수 있는 사람은 이 세상에 아무도 없습니다. 하지만 이렇게 같이 있을 때 우리는 슬픔과 아픔을 함께 나눌 수 있습니다. 그리고 이것이야말로 진정으로 값진 것입니다.

기자 어제 10시 53분경, 주민들이 활동을 잠시 중단하고 광장에 나와 일제히 묵념을 하고 있는 모습입니다. 할턴에서는 웃음이 사라졌습니다. 모두들 충격의 도가니에 빠졌고 슬픔은 종탑처럼 시내 한가운데에 자리 잡았습니다. 시장은 계속해서 기자와 취재진을 상대해야 합니다. 하지만 여객기 부기장이 고의로 추락시켰다는 뉴스를 듣고 난 다음부터 완전히 힘이 빠진 듯합니다. 악몽은 아직 끝나지 않았던 것입니다.

클OO (할턴 시장) 그저께 저는 이것이 내가 지금까지 들었던 것들 중 최악의 사건이라고 생각했습니다. 이 불행한 사건 말입니다. 그런데, 정말, 이 참사를 더 비극적인 것으로 만들어버리는 소식을 들었고요. 정말 상상할 수가 없는 일이고요. 지금 저는 정말, 여러 가지 감정이 막 솟구치지만... 분노가 생기네요.

기자 시장이 느끼는 감정은 현재 다른 사람들에게서도 마찬가지입니다. 슈OO는 학생을 돌보기 위해 매일 할턴을 방문합니다. 애도상담사인 그녀는, 동료들과 함께 다른 젤조르거처럼 교사와 학생 상담을 하고, 이야기를 들어주고, 할 수 있다면 답을 주기도 합니다. 그녀는 우리끼리 말한 것을 외부에 발설하지 않고 철저히 비밀로 하겠다고 학생에게 약속합니다. 그녀는 슬픔에 빠진 유가족과 어떻게 함께 해야 하는지 그 방법을 잘 알고 있습니다.

슈OO (라비아 애도상담센터) (중요한 것은 우리가 하는 일은) 유가족을 가까이서 보는 것, 직접 만나는 것, 또 친구와 친지들이 유가족에게 먼저 말을 걸어야 한다는 것입니다. 그리고 유가족에게 다가가는 것을 망설여서는 안 된다는 겁니다. '나

sagt, wir melden uns in (ein) paar Wochen, wenn's dir wieder besser geht, sondern dass man sagt: Ich bin da.
Bericht Sie und die Jugendlichen aus ihrer Gelsenkirchener Trauergruppe 5 wollen jetzt da sein für die traumatisierten Schüler aus Haltern und für die Familien. J◯◯ hat selbst vor zwei Jahren seinen Bruder durch einen Unfall verloren, K◯◯ ihre Schwester. Sie alle hier haben Erfahrungen mit Schmerz, mit Verlust, mit Traurigkeit.
E◯◯ (Schülerin) Ich denke ich kann's besser nachvollziehen als jemand, der noch niemanden verloren hat, weil ich denke, dass ich einfach in einer ähnlichen Situation war.
N◯◯ (Schüler1) Ich glaube es hilft, dass einfach eine Person da ist, die schon mal dasselbe erlebt hat. Wo man auch sehen kann, dass sich das irgendwann normalisiert – etwas, also dass man lernt, mit diesem schlimmen Ereignis zu leben.
R◯◯ (Schüler2) Man spricht anders zu Erwachsenen als mit Gleichaltrigen und deshalb bin ich auch hier, weil ich eigentlich möchte, dass, wenn die mit mir reden möchten, dass sie mit einem Gleichaltrigen reden können.
Bericht Die Schule wird währende der Ferien geöffnet bleiben, für die Schüler als Begegnungsort. Die Trauergruppe bietet ab der kommenden Woche Gespräche an und der Besuch des Bundespräsidenten und der Ministerpräsidentin hat gut getan. Genau wie die Beileidsbekundungen aus der ganzen Welt.

기자 슈◯◯씨와 겔젠키르헤에서 온 트라우어그룹페(Trauergruppe) 학생들은 오늘 할턴 학교의 학생과 가족을 위로하기 위해 이 자리에 함께 있습니다. 율◯◯는 이년 전에 사고로 동생(또는 형)을 잃었고, 칼◯◯는 여동생(언니)을 떠나보냈습니다. 여기 있는 아이들은 모두 고통, 상실, 그리고 슬픔에 대한 경험이 있는 학생입니다.
아◯◯ (여학생) 저는 가까이서 죽음을 겪은 사람을 다른 누구보다도 더 잘 이해할 수 있다고 생각해요. 그냥, 아마 제가 그런 똑같은 처지에 있어봤기 때문에 그런 거 같아요.
니◯◯ (남학생1) 같은 일을 겪었던 사람이 곁에 있어주는 것만으로도 큰 도움이 되는거 같아요. 단지 그것만으로 무언가 나아지는 것 같고요, 그러니까 이렇게 힘든 일이 닥쳤을 때 어떻게 이겨내게 되는지를 배우는 것 같아요.
루◯◯ (남학생2) 어른하고 얘기하는 거와 친구 같은 학생끼리 얘기할 때랑은 많이 달라요. 그래서 저도 여기 있고요. 저한테 동년배 친구처럼 이야기해주고 또 그렇게 이야기를 나눌 수 있으면 해서요.

기자 학생들에게 만남의 장소를 제공하기 위해 방학 중에도 학교 문은 열려 있습니다. 트라우어그룹페와의 상담은 다음 주부터 가능합니다. 연방대통령과 주총리가 조문한 것은 좋은 일이었습니다. 그리고 전 세계 곳곳에서 조의가 전달될 것으로 보입니다.

W-09

| 일시 2015. 3.27. (참사 이후 4일) | 분량 2분43초 | 프로그램 Aktuelle Stunde |

Titel(Bericht) Nach dem Unglück (G◯◯)   **제목(기자)** 사고 이후 확인된 사실들 (괴◯◯)
Bericht Es ist wieder ein Puzzle. Das nächste in diesem Unglück und die Teile liegen nicht
기자 사건의 정체가 조금씩 드러나고 있습니다. 이 여객기 추락사고에서 맞추어야 할 다음 퍼즐조각

---

5 번역하지 않음. 트라우어그룹페(Trauergruppe)는 고유한 같은 어려움을 가진 이들의 집단인 젤브스트힐페그룹페(Selbsthilfegruppe)의 하나임. 독일에는 매우 전문적인 상담치료 기관이 각 지역과 도시마다 있음. 예를 들면 마약 및 알코올 중독치료, 심리상담 등 다양한 분야에 걸쳐 단체가 조직되어 있음. 트라우어그룹페는 이러한 전문 상담 단체 중 하나로 '애도 상담전문기관' 정도로 이해할 수 있고, 다양한 구성원으로 조직될 수 있음.
기사에서는 전문 애도상담사가 가까운 사람의 죽음을 겪거나 상실의 경험이 있는, 그리고 그것을 극복한 다른 지역의 학생을 데리고 함께 할턴시의 학생을 방문함.

verstreut in einem französischen Gebirgstal, in das sich Kriminaltechniker und Bergungsspezialisten abseilen, sondern hier in Düsseldorf, in den Unterlagen, die gestern die Polizei beschlagnahmt hat, in der Wohnung des Copiloten.
KOO (Staatsanwaltschaft Düsseldorf) Es wurden Dokumente medizinischen Inhalts sichergestellt, die auf eine bestehende Erkrankung und entsprechende ärztliche Behandlungen hinweisen. Der Umstand, dass dabei unter anderem zerrissene aktuelle und auch den Tattag umfassende Krankschreibungen gefunden wurden, stützt, nach vorläufiger Bewertung, die Annahme, dass der Verstorbene seine Erkrankung dem Arbeitgeber und dem beruflichen Umfeld verheimlicht hat. Vernehmungen hierzu sowie die Auswertungen von Behandlungsunterlagen werden noch einige Tage in Anspruch nehmen.
Bericht Immer mehr wird bekannt: An dem Tag, an dem klar war, dass der Copilot den Absturz der Maschine, so die Aufzeichnungen des Audiorecorders, offenbar absichtlich verursachte, allein, im veriegelten Cockpit von Flug 4U9525. Doch zu einem Bild fügen sich die Fragmente noch nicht. Am Nachmittag meldet die Uniklinik Düsseldorf: Er war hier in Behandlung. Eine Diagnostik im Februar und am 10. März. Keine depressive Behandlung, so viel sagen sie. **6** Alles andere unterliege der Schweigepflicht. Nach Recherchen der Süddeutschen Zeitung war der 27 jährige seit 2 Jahren wegen psychischer Problemen bei mehreren Neurologen und Psychiatern im Rheinland in Behandlung. Einer von ihnen soll den Copiloten krankgeschrieben haben. Doch der zerriss den Schein. Hätte er ihn abgegeben, er hätte wohl für längere Zeit nicht fliegen dürfen, so das Blatt. Es ist die Arbeit der Aufklärung, das andere ist die Arbeit der Trauer. Haltern heute, ein Gottesdienst. Den Mitschülern der Getöteten ist freigestellt, ob sie kommen wollen und viele kommen. Sie kommen schweigend. Andere sind gekommen, um Halt zu geben. Bürgermeister KOO empfängt Bundespräsident GOO, Ministerpräsidentin KOO. 18 Namen werden in der Sixtus-Kirche verlesen: Die Schüler, die beiden Lehrerinnen. Rosen werden niedergelegt. Eine für jeden der Verstorbenen.
GOO (Bundespräsident) In der Mitte gesessen und das Schluchzen gehört der Menschen, die

은 범죄 수사관들과 전문 산악수색대가 자일강하를 시도 중인 프랑스 산자락에 있지 않습니다. 실마리는 오히려 바로 이곳 뒤셀도르프에 있습니다. 경찰은 어제 부조종사의 자택을 압수수색하였습니다.
쿰OO (뒤셀도르프 검찰) 몇 가지 진료기록을 확보하였는데요. 의사소견서와 병원 처방 같은 것이 있고요. 이에 따르면 당사자는 현재 모종의 병을 앓고 있는 것으로 추정됩니다. 여객기 추락사고가 발생한 날이 포함된 기간 중 가장 최근의 (병가신청용) 진단서들이 여기저기 찢겨진 채로 발견되었습니다. 여기에 근거해서 볼 때 현재로서는 일단, 사망자가 자신의 질병에 대해 고용주에게 보고하지 않은 채 (항공기 조종) 업무를 수행한 것으로 추정할 수 있습니다. 관계자들을 만나 조사해보고 진료기록을 분석해보려면 앞으로 며칠 더 소요될 것으로 예상합니다.
기자 계속해서 새로운 사실들이 확인되고 있습니다. 음성기록에 따르면, 사고 당일 부조종사는 조종석의 문을 걸어 잠근 뒤 혼자서, 곧 명백하게 고의적으로 4U9525편 여객기를 추락시킨 것으로 밝혀졌습니다. 하지만 정확한 실상을 확인하기에는 더 많은 정보가 필요합니다. 오늘 오후 뒤셀도르프 대학병원 측은 부조종사가 병원에서 진료를 받은 적이 있다는 사실을 확인했습니다. 2월에 한 번, 그리고 3월 10일자 진료에 따르면 그는 우울증 치료를 받았다고 합니다. 그 외에 나머지는 환자 개인정보 보호 차원에서 공개할 수 없다고 합니다. 쥣도이체차이퉁(신문사)이 조사한 바에 따르면 27세의 부조종사는 정신적 질환을 앓고 있었고, 최근 2년간 라인 지역의 여러 곳에서 정신과와 신경과 치료를 받은 것으로 확인됩니다. 또한 이들 병원 중 어느 한 곳에서 병가신청용 진단서를 발급해주었다고 합니다. 하지만 부조종사는 진단서를 찢어버렸습니다. 만일 그가 진단서를 제출했다면, 아마 사실상 항공기 운항 금지 조치를 받았을 수도 있습니다. 이상 추락사고와 관련해 전해드렸고요. 다음은 추모와 관련한 소식입니다. 오늘 할턴에서는 추모미사가 거행되었습니다. 미사 참례는 학생에게 의무는 아니었습니다마는, 거의 대부분이 참석했습니다. 모두들 아무 말도 없었으며, 단지 기댈 수 있게 해주려고 함께 온 이들도 있었습니다. 연방대통령 가OO와 주총리 크OO가 클OO 할턴 시장과 만나 인사했습니다. 성 식스토 성당에서는 세상을 떠난 18명의 이름이 낭독되었고, 학생과 두 명의 여교사에게 각각 꽃 한 송이씩 헌화가 있었습니다.
가OO (연방대통령) 저는 중간쯤에 자리했고, 사람들이 흐느끼는 소리, 울음소리를 들었습니다. 저

ihren Verlust betrauern und ich wollte mit ihnen trauern. Mir ist bewusst, dass wir den Verlust nicht wiederherstellen können. Keine irdische Macht kann das. Aber indem wir zueinanderstehen, entsteht doch etwas unendlich Kostbares, nämlich so ein Band des Mitleidens und des Mittrauerns. **Bericht** Anteilnahme, sie hilft in diesen schweren Stunden, sie gibt ein Stück Sicherheit, wo doch so viel anderes so unsicher ist.	도 그들과 같은 마음이었습니다. 이미 떠나버린 이들은 다시 돌아오지 않는다는 것은 저도 잘 알고 있습니다. 우리 곁을 떠난 이들을 다시 데려올 수 있는 사람은 이 세상에 아무도 없습니다. 하지만 이렇게 같이 있을 때 우리는 슬픔과 아픔을 함께 나눌 수 있습니다. 그리고 이것이야말로 진정으로 값진 것입니다. **기자** 슬픔에 동참하는 것, 이것이 이 어려운 시간을 이겨내는 방법이며, 여전히 의문투성이인 현 상황에서 의탁할 수 있는 작지만 (유일하게) 확실한 것입니다.

W-10

일시 2015. 3.28. (참사 이후 5일) **분량** 2분35초 **프로그램** Aktuelle Stunde

Titel(Bericht) Gedenken an die Absturz-Opfer (B○○)	**제목(기자)** 희생자 추모 (베○○)
Bericht Tag 5 für die Bergungskräfte. Weiterhin bringen sie Opfer vom Absturzort zur Identifikation. 600 DNA-Proben sind bislang genommen. Der Bürgermeister V○○ ist der Familie des Copliloten begegnet. Er berichtet dem WDR Hörfunk. **V○○ 7** Die Familie kam mit der zweiten Gruppe am Donnerstagabend. Der Vater war dabei. Er war in sich zusammengesackt. Es ist ein Mann, der am Boden zerstört ist, der auf seinen Schultern die ganze Verantwortung für dieses Drama trägt. So habe ich es empfunden. Dieser Mann ist gebrochen. **Bericht** Die fieberhafte Suche nach den zweiten Flugschreiber geht weiter. Denn noch wollen die Ermittler nicht gänzlich ausschließen, dass es einen technischen Grund für den Absturz gab. **M○○ (französischer Ermittler)** Nur mit der zweiten Black Box können wir wissen, was die letzten Einstellungen des Flugzeug waren und welche Aktionen eingeleitet wurden. Es ist einfach wichtig, um zu verstehen, was in den letzten Minuten an den Steuerungsreglern des Flugzeugs geschehen ist. **Bericht** In Gedenken an die Opfer feierten Anwohner des Ortes Digne-les-Bains eine Messe und entzündeten 150 Kerzen. Also auch eine für den Copiloten, den mutmaßlichen Täter. Gottesdienste gab es auch in zahlreichen Städten Nordrhein-Westfalens,	**기자** 수색 5일 째입니다. 신원확인을 위해 계속해서 시신을 사고지점에서 실어 나르고 있습니다. 현재 600개의 유전자 샘플을 채취한 상태입니다. 바○○ 시장은 부조종사 유가족을 만났는데요, 다음은 WDR 라디오에서의 시장 인터뷰입니다. **바○○ 시장** 부조종사 유가족은 목요일 저녁 두 번째 그룹과 함께 도착했습니다. (부조종사의) 아버지가 왔는데요, 자리에 그대로 쓰러져버렸습니다. 바닥에 주저앉아서 도무지 일어나지 못했지요. 그는 자기 두 어깨에 이 모든 참사에 대한 책임을 지고 있었습니다. 그게 제가 받은 인상입니다. 그 분은 아마 일어나지 못할 겁니다. **기자** 수색 팀은 두 번째의 블랙박스를 찾는 데 총력을 기울이고 있습니다. 기체 추락 원인이 기계 결함일 가능성을 완전히 배제할 수 없기 때문입니다. **미○○ (프랑스 수사관)** 두 번째 블랙박스를 찾아야만 우리는 여객기의 마지막 운항 상태로, 추락 직전의 상황을 알 수 있습니다. 조종실에서 마지막 몇 분 동안 어떤 일이 일어났는지를 파악해야만 합니다. **기자** 디뉴 레 방의 주민들은 희생자를 추모하는 미사를 드리며 총 150개의 초에 불을 밝혔습니다. 여객기를 추락시킨 장본인으로 추정되는 부조종사도 포함해서 말입니다. NRW주에서도 많은 곳곳에서 미사가 봉헌되었으며, 이는 메어부쉬의 성 스테파노 성당에서도 마찬가지였습니다. 이곳 메

---

6 기자가 하는 말은 우울증 치료를 "받지 않았다(Keine ⋯)"로 들림.

etwa in der Kirche St. Stephanus in Meerbusch. Drei Opfer des Fluges wohnten hier: ein Ehepaar, das zwei schulpflichtige Kinder hinterlässt und ein junger Familienvater. Auch in Wuppertal und Porta Westfalica gibt es Gedenkgottesdienste. In den Zeitungen: Traueranzeigen, von Kommunen, Unternehmen, Verwandten und Freunden. Die Lufthansa und Germanwings schalteten ganzseitige Traueranzeigen in großen deutschen Zeitungen. Anteilnahme für die Hinterbliebenen und Dank an viele tausend Helfer. Und der Konzern kündigt schnelle Soforthilfen für die Angehörigen an, bis zu 50.000€ für jeden verstorbenen Fluggast.
S○○ (Germanwings Sprecher) Wir wollen schnell und unbürokratisch helfen. Und noch einmal, das Leid der Angehörigen kann man dadurch nicht mildern.

Bericht Im Kölner Dom wird am 17. April der Opfer gedacht in einem staatlichen Trauerakt. Erwartet werden Kanzlerin M○○, Bundespräsident G○○ und Vertreter aus Frankreich und Spanien.

어부쉬에서도 부양할 가족이 있는 젊은 남자 한 명과 다른 한 쌍의 부부, 이렇게 세 명의 희생자가 있었기 때문입니다. 특히 부부의 경우, 이제 곧 초등학교 입학을 앞둔 두 명의 자녀가 있었습니다. 부퍼탈과 포르타 베르트팔리카에서도 추모 미사가 거행되었습니다. 신문에는 온통 여러 마을과 기업과 친지와 친구들에 의한 부고광고가 실렸습니다. 루프트한자와 저먼윙스는 독일의 주요 대형 일간지의 한 면 전체에 추모광고를 냈습니다. '유가족 분들에게 삼가 위로의 말씀을 전합니다. 그리고 도움을 주시는 모든 분들께도 진심으로 감사의 말씀을 올립니다.' 항공사는 희생된 모든 승객에 대해 유가족에게 긴급지원금으로, 각각 최대 5만 유로씩을 즉시 지원하겠다고 발표했습니다.
쇼○○ (저먼윙스 대변인) 저희는 일체의 형식이나 절차를 거치지 않고 최대한 신속하게 (유가족을) 지원할 것입니다. 물론 재차 말씀드리지만, 저희도 유가족의 슬픔이 이러한 지원을 통해서 덜어지실 수 있을 거라고는 전혀 생각하지 않습니다.
기자 4월 17일에는 쾰른주교좌성당에서 국가 차원에서의 희생자 추모미사가 거행됩니다. 이 날 봉헌되는 미사에는 연방총리 메○○과 연방대통령 가○○, 그리고 프랑스와 스페인 대사들이 참석할 예정입니다.

W-11

일시 2015. 4. 1. (참사 이후 9일) 분량 3분01초 프로그램 Aktuelle Stunde

Titel(Bericht) Lufthansa- & Germanwings- Chef am Unglücksort (S○○)
Bericht Sie sind nicht nur hier als Repräsentanten ihrer Unternehmen, sondern auch als Menschen, die trauern mit den Angehörigen. Germanwings Geschäftsführer W○○ (und) Lufthansa-Chef S○○ gedenken der Opfer des Absturzes und entschuldigen sich bei den Hinterbliebenen.
S○○ (Lufthansa-Chef)(Englisch mit Übersetzung) Es tut uns sehr, sehr Leid, dass bei der Lufthansa so ein schrecklicher Unfall passieren konnte. Und das, wo wir so sehr um die Sicherheit bemüht sind. Es tut uns Leid um die Opfer, es gibt einfach keine Worte, um das auszudrücken.
Bericht Das wirkt ehrlich empfunden und das ist es sicherlich. Dennoch müssen sich Winkelmann und Spohr als Chefs ihrer

제목(기자) 루프트한자 사장과 저먼윙스 회장의 사고현장 방문 (슈○○)
기자 이 두 사람은 회사의 대표로서만이 아니라 희생자를 추모하는 한 명의 사람으로서 이곳에 와 있습니다. 저먼윙스 사장인 빙○○와 루프트한자 회장 슈○○는 사고 희생자와 유가족에게 조의를 표했습니다.

슈○○ (루프트한자 회장)(영어번역) 저희 루프트한자에서, 그것도 저희가 특별히 안전에 최선을 다하고 있는 곳에서 이런 불행한 사고가 발생한 것에 대해 매우 심심한 사과의 말씀을 드립니다. 삼가 조의를 표합니다. 뭐라 드릴 말씀이 없습니다.

기자 진정성 있는 발언이었고 또 실제로 진정성이 담겨 있음을 느낄 수 있었습니다. 그럼에도 그들은 두 기업의 총수인 이상 난처한 질문에 반드시

---

7 이름 자막이 없어서 듣고 기록함.

Unternehmen nun auch unangenehme Fragen stellen lassen. (Englisch mit Übersetzung) 'Warum hat es so lange gedauert, bis sie die E-Mail veröffentlicht haben', ruft ein englischer Journalist. Dazu schweigen die Chefs. Die E-Mail, damit ist eine Nachricht des Copiloten an Lufthansa gemeint. 2009 hatte er sie an die Verkehrsflugschule in Bremen geschrieben und über eine abgeklungene schwere depressive Episode informiert.

KOO (Luftfahrt-Journalist) Es ist ja im Prinzip die dritte oder vierte Überraschung hintereinander. Unmittelbar nach dem Absturz wusste man natürlich gar nichts. Aber dann kam eben zuerst, dass es wahrscheinlich der Pilot, der Copilot war. Dann, dass der Copilot es quasi als Selbstmordanschlag durchgeführt hat. Und jetzt eben, dass die Lufthansa, entgegen früherer Ankündigung, dann eben doch es hätte wissen können, dass der Mann wohl etwas instabil war.

Bericht Warum also durfte der Mann seine Ausbildung und spätere Karriere bei Germanwings fortsetzen? Einhundertprozent flugtauglich sei er gewesen, sagte der Lufthansa-Chef vergangene Woche. Dass hätten weitere Tests bei Andreas L. ergeben.

IOO (ARD Flugexperte) Es gab erneut einen medizinischen Check, es gab erneut – hat man sich die Psyche angeguckt, also einen psychologischen Test über mehrere Tage. Und danach hat man festgestellt: Flugtauglich ist dieser junge Mann. Und nun kommen aber Fragen auf, sind diese Vorschriften ausreichend.

Bericht Das Krisenmanagement des Lufthansa-Chefs Carsten Spohr gilt bislang als vorbildlich. Schnelle und unbürokratische Hilfe für die Angehörigen etwa. Doch für den Konzern Lufthansa als Mutter der Germanwings bedeutet der Absturz auch ein Imageproblem, über das jetzt noch niemand reden möchte, was aber für die Zukunft des Unternehmens bedeutsam ist.

KOO (Luftfahrt-Journalist) Ich glaube, ein Vertrauensverlust ist schon da. Gerade weil die Lufthansa mehr als andere Fluglinien auf ihre Sicherheit und ihre Zuverlässigkeit hingewiesen hat – mehr oder weniger direkt. Andere haben dann mehr Service gemacht, aber sie hat eben dieses getan und wenn dann eben die ersten Kratzer am Image kommen,

답을 해야만 했습니다. '이메일을 공개하기까지 왜 그렇게 오랜 시간이 걸려야 했습니까?' (다른 기자의 질문). 어느 미국 기자의 질문이었습니다만, 답변은 없었습니다. 기자가 언급한 이메일이란 사고 여객기의 부조종사가 루프트한자에 보낸 이메일을 가리킵니다. 2009년 브레멘에 있는 (루프트한자) 항공학교에 보낸 이메일에서 그는 심각한 우울증세가 있다는 점을 털어놓고 있습니다.

키OO (항공전문기자) 지금 계속해서 충격적인 사실들이 드러나고 있습니다. 이러한 사실들은 당연히 사고 발생 직후에 당장은 알 수 없었던 것들입니다. 그러다가 갑자기 어쩌면 조종사, 아니 부조종사였을 수 있을 거라는 생각을 하게 된 거지요. 그래서 조사를 해보니 부조종사가 여객기를 사실상 스스로 극단적인 선택을 하는 데에 이용한 것으로 밝혀졌고요. 처음에 발표한 것과는 달리, 지금 보시다시피 이렇게, 루프트한자 측에서는 어떻게 보면 부조종사가 정신적으로 불안했었다는 사실을 이미 알고 있었을 수 있다는 얘기가 되었지요.

기자 어떻게 항공학교를 졸업하고 저먼윙스에 조종사로 취직할 수 있었을까요? 루프트한자 회장이 지난주에 발표한 바에 따르면, 그는 항공기 조종에 백퍼센트 적합했다고 합니다. 이는 (부조종사) 안드레아스 L.의 여러 문서에서 확인할 수 있다는 것입니다.

임OO (ARD 방송국 항공분야담당) 새롭게 발견된 의료관련기록들이 있습니다. 여러 날에 걸쳐서 정신과 진료를, 검사를 받은 적이 있고요. 그리고 검사 결과는 이 젊은 남자는 비행기 조종에 아무런 문제가 없다는 것이었습니다. 그래서 지금 현재 그렇게 정신과 판정이 나오게 된 기준이 무엇이었는지에 대해 의문이 제기되고 있는 상황입니다.

기자 루프트한자 회장 슈OO의 탁월한 위기대처 능력은 매우 잘 알려져 있는 사실입니다. 예를 들면 일체의 절차와 규정을 무시하고 유가족에게 지원금을 즉시 지급하기로 결정한 것이 여기에 해당됩니다. 하지만 저먼윙스는 루프트한자의 자회사이기 때문에 루프트한자로서는 이 사건이 심각한 이미지타격이 아닐 수 없습니다. 아직까지는 어느 누구도 이러한 사실을 입 밖에 꺼내지 않고 있지만 기업의 미래가 걸린 일임은 자명한 것입니다.

키OO (항공전문기자) 제가 보기에는 기업에 대한 신뢰도는 이미 타격을 입었습니다. 왜냐하면, 루프트한자가 다른 항공사와 차별화하며 지속적으로 강조해온 것이 바로 안전성과 신용, 이 두 가지거든요. 많든 적든 기업이미지에는 어떻게든 직접적인 손실이 있겠습니다. 다른 항공사는 훨씬 더 풍족한 서비스를 제공했지만 루프트한자가 투자한 곳은 바로 이것, 안전이거든요. 그런데 지금 바로

das bleibt natürlich hängen und sei es eben auch nur, dass die Lufthansa eine Fluglinie wie jede andere ist.

Bericht Eine Airline wie jede andere. Zumindest mit dem Namen Germanwings wird wohl bis auf weiteres der Absturz mit den 150 Opfern verbunden sein. Noch ist die Zeit zu trauern. Aber es beginnt nun auch die Zeit, in der drängende Fragen beantwortet werden müssen – für die Angehörigen und für das Vertrauen der Passagiere in die Fluggesellschaft.

여기에 처음 흠집이 난 거고요, 그러니까 루프트한자가 다른 항공사보다 우수한 점이 전혀 없게 된다는 것인데요, 그러면 이 피해는 오래갈 수밖에 없습니다.

기자 (다른 항공사보다 뛰어날 게 없는) 평범한 항공사. 일단 저먼윙스는 150명의 사망자를 낸 추락사고 때문에 그런 항공사가 될 운명을 피할 수는 없을 것 같습니다. 물론 지금은 무엇보다도 희생자를 애도해야 하는 시기입니다. 하지만 조만간 유가족을 위해서나 항공여객 이용자를 위한 신뢰성 제고를 위해서나 매우 긴급한 질문에 대답해야 할 시간이 닥칠 것입니다.

W-12
일시 2015. 4. 1. (참사 이후 9일) **분량** 6분46초 **프로그램** Aktuelle Stunde

| Titel(Bericht) Haltern vor dem Trauergottesdienst (G○○) | 제목(기자) 할턴에서 거행된 추모미사 (그○○) |

Bericht Haltern am See, Tag Acht nach dem Absturz.
KOO (Bürgermeister Haltern) Wir haben ihre viel Kondolenzpost bekommen, aber das normale Tagesgeschäft hat seit letzten Dienstag rapide abgenommen. Also, es war die ganze letzte Woche nicht irgendwie auch nur eine einzige Stunde normale Routine. Es ist so, als ob die ganze Welt um uns herum stillsteht.
Bericht Seit 11 Jahren ist K○○ Bürgermeister in Haltern. Die Katastrophe jetzt, sie ist eine besonders schwere in der über 700jährigen Geschichte der Stadt. K○○ muss in der Krise Termine wahrnehmen und funktionieren.
KOO (Bürgermeister Haltern) Also der schwerste Moment war sicherlich, als ich mit dem Schulleiter zu den Eltern, die in der Schule waren, gegangen bin und der Schulleiter den Eltern gesagt hat, dass keine Hoffnung mehr besteht. Wir sind ja zunächst mal davon ausgegangen, vielleicht ist es 'ne andere Maschine gewesen, vielleicht sind die gar nicht eingestiegen. Und als das klar war, ist der Schulleiter dann zu den Eltern gegangen und ich bin dann dabei gewesen. Das war, das war schon 'n sehr, sehr schwerer Moment.
Bericht Halt müssen auch die Pfarrer geben. Alle suchen Antworten und Trost. Kinder, Eltern, Rentner, Verwandte und Unbeteiligte. Das Thema Tod und Sterbebegleitung gehört zur Kirche. Die letzten Tage aber haben eine eigene Dramatik.

기자 사고 후 8일 째, 할턴입니다.
클○○ (할턴 시장) 조문편지를 많이 받았습니다. 지난 화요일 이후로 저희는 일상생활을 완전히 잃어버렸습니다. 지난 주에는 일상적인 일을 할 수 있었던 시간이 정말 단 한 시간도 없었어요. 저희를 둘러싼 세상이 멈춰버린 느낌입니다.
기자 클○○은 11년째 할턴의 시장직을 맡고 있습니다. 마을이 생긴 이래 700년 역사동안 이러한 참사는 없었습니다. 매우 어려운 상황 속에서 클○○은 앞으로의 일정을 조율해야 합니다.
클○○ (할턴 시장) 정말 괴로운 순간이었습니다. 교장선생님과 함께 학교에 가 거기 있는 유가족(학부모)을 만났을 때 말입니다. 교장선생님이 유가족에게 더 이상의 희망은 없다고 말해야만 했지요. 왜냐하면 저희는 처음에 그래도 어쩌면 다른 비행기일수도 있고, 아니면 아예 그 비행기에 탑승하지 않았을 수도 있다는 생각을 했었거든요. 하지만 사태가 분명해졌을 때 교장선생님이 그렇게 소식을 전한 거고요 그 자리에 저도 함께 있었습니다. 그 순간이 정말 고통스럽고, 힘들었습니다.
기자 신부님도 의지가 되어야 했습니다. 모두들 위로받길 원했고 답을 찾고 있었습니다. 아이들, 엄마와 아빠, 퇴직한 이들이나 친척들이나 이 사고와 아무 관계도 없는 다른 사람들까지 모두가 말입니다. 죽음, 그리고 죽은 이를 떠나보내는 일은 교회와 분리해서 생각할 수 없습니다. 지난 며칠 동안 모두 비극적인 일을 겪었던 것입니다.

AOO (Pfarrer) Zunächst mal geht das auch vielen, die hier in der Verantwortung stehen, dass wir die letzten Tage ein ganzes Stück weit funktioniert haben. Das wir Dinge, wie die Angehörigen auch, nur auf andere Weise, tun. Dass man organisiert, dass man plant, dass man überlegt, was passiert jetzt wie, wo als nächstes? Manchmal ganz banale Dinge, was auch nicht falsch ist. Dass es aber jeden Tag auch Punkte gibt, wo es einen gefühlsmäßig überkommt, wo man davor steht und sagt: 'Ich weiß es jetzt auch nicht', und wo einem selber die Tränen kommen.

Bericht Auch er hat mit Gott gehadert, gezweifelt, sagt Pfarrer Ahls. Die Toten sind geborgen. Die Hinterbliebenen müssen nun die Beerdigungen vorbereiten, nur ein Punkt auf einem langen Weg.

AOO (Pfarrer) Ich glaube das Wichtigste ist jetzt einfach auch, nicht Angehörige alleine zu lassen, sondern zu begleiten. Im Sinne von Menschlichkeit zu zeigen und da zu sein. Das ist jetzt zentral, aber das ist für jede Familie, für jeden Menschen ganz anders und zeitlich nicht zu in menschlichen Dimensionen zu fassen.

Bericht Es ist ruhig in Haltern seit letztem Dienstag. Bürgermeister KOO schöpft Kraft bei seiner Frau und seinen beiden Kindern. Und er versucht, zögernd, einen Blick nach vorn.

KOO (Bürgermeister Haltern) Wir müssen jetzt auch aufpassen, dass es nicht, diese Schockstarre nicht, nicht weiter anhält, sondern, dass es irgendwann auch mal wieder ein Stück zur Normalität hingehen muss. Schauen sie sich die Schule an, da fangen nach den Osterferien die Abiturklausuren an. Es ist ja nicht so, als ob wir die Zeit und die Welt anhalten können, sondern die geht weiter und dem muss man sich dann natürlich auch stellen, so schwer es einem auch fallen mag.

MOO (Hauptstudio) Ja man kann die Welt nicht anhalten und muss das alles verarbeiten. Dazu diente sicher heute auch der Trauergottesdienst in Haltern. Unsere Kameras, unsere Mikrophone blieben da draußen, aus Respekt vor den Trauernden.

Hauptstudio Unsere Kollegin HOO, die schon in der vergangenen Woche aus Haltern berichtet hat, war dabei. HOO, wie hast du diesen

알OO (신부) 먼저 말씀드리자면, 지난 며칠 동안 일이 어떻게든 돌아갈 수 있었던 것은 여기에 책임이 있는 많은 분들이 애써주신 덕분입니다. 저희는, 물론 유가족도 그렇겠지만, 일을 조금 다르게 처리할 뿐입니다. 일을 계획하고 조정하고 또 지금 무슨 일이 일어나는지 잘 살펴봐야 하고, 그 다음에는 어디서 또 어떻게 해야 하는지, 전부 생각해야 합니다. 저희한테는 어쩌면 전혀 새로운 일이 아니라고도 볼 수 있는데요. 그렇다고 해 (이런 태도가?) 무언가 잘못되었다는 것은 아닙니다. 저희도 매일같이 감정이 북받쳐 올랐고요. 갑자기 다 놔버리고 싶고, 그냥 눈물이 막 나고, '아 나도 이제 어떻게 된 건지 정말 모르겠다.' 이렇게 되니고 그랬습니다.

기자 알OO 신부님은 자기도 절망에 빠졌고 하느님을 원망했다고 고백합니다. 시신이 수습되었습니다. 남은 이들은 이제 장례를 준비해야 합니다. 하지만 아직도 갈 길이 멉니다.

알OO (신부) 유가족을 혼자 놔두지 않는 것이 저는 지금 가장 중요한 일이라고 봅니다. 그들과 반드시 함께 있어야 합니다. 그게 우리 인간의 도리입니다. 함께 한다는 것이 핵심이지만 이것도 모든 유가족과 개인에게 각각 다르게 접근해야 하고요. 함께하는 시간이라는 측면에서 볼 때에도 인간적인 (시간)관념을 넘어 생각해야 합니다.

기자 지난 화요일부터 할턴에는 침묵이 흐르고 있습니다. 쿨OO 시장은 부인과 두 자녀에게 기운을 얻습니다. 그리고 두렵지만 미래를 생각하고 있습니다.

쿨OO (할턴 시장) 우리는 또 이 충격으로 꼼짝 못하게 되는 것을 경계해야 합니다. (슬픔에 빠져) 이렇게 마냥 멈추어 있는 게 아니라 정말 언젠가는 다시 일상으로 돌아와야 한다는 거지요. 학교를 한번 보세요. 이제 부활방학이 끝나면 수능시험이 있지 않습니까. 그러니까 우리는 이 시간을 이 세상을 지금 이대로 마냥 붙들어 둘 수 없다는 겁니다. 세상은 돌아갑니다. 우리도 거기에 따라 살아야만 해요. 그리고 그게 참 힘든 거지요.

마OO (스튜디오 앵커) 진정 세상을 언제까지 멈춰 세우고 있을 수 없는 일입니다. 이 모든 것을 (우리 삶의 일부로) 받아들여야 하겠지요. 할턴에서 거행될 추모미사가 아마 이런 받아들임을 도와줄 것 같습니다. 애도하는 사람들과 당사자 분들을 존중하는 뜻에서 저희 취재진의 카메라와 마이크는 일절 성당 안에 들어가지 않았다는 점을 말씀드립니다.

여성 앵커 (스튜디오) 대신에 지난 주 할턴에서 보도 드렸던 저희 기자 후OO이 추모미사에 참석했습니다. 후OO, 추모미사가 어땠는지 전해주시지

Gottesdienst erlebt?
HOO (Live aus Haltern) Ich habe den Gottesdienst als das Zusammenrücken eines ganzen Ortes erlebt. Denn ihr habt am Anfang zitiert, dass man hier in Haltern erstarrt sei, hat eine Zuschauerin geschrieben. Ich glaube aus der Erstarrung hat man sich heute ein Stück weit gelöst. Denn dieser Gottesdienst war ein Punkt an dem man gemeinsam etwas tun konnte, der Trauer auch Ausdruck geben konnte. Und es war ein sehr bewegender Gottesdienst. Es waren auch sehr, sehr viele Menschen dabei, die Kirche war komplett ausgefüllt. Es gab wirklich keinen Platz mehr, auch keinen Platz mehr zum Stehen. Ich würde schätzen, 900 Menschen alleine in der Kirche, und als ich hinausgegangen bin, auf den Marktplatz, da war das auch ein(e) Stille. Und rund um den Marktplatz muss man sich das vorstellen, der Marktplatz war leer, aber rund um den Marktplatz standen bestimmt 500 Menschen, schweigend, manche mit Tränen in den Augen und ganz viele, die sich umarmt haben, die sich an der Hand gehalten haben. Und genau das wurde im Gottesdienst dann auch thematisiert. Man kann den Trauernden die Trauer nicht abnehmen, man kann ihre Gefühle nicht nachvollziehen. Das Einzige, was man machen kann, man kann ihre Hand halten und man kann da sein. Und ihr habt das gerade im Beitrag auch schon erwähnt: Es ist ein langer Weg, der vor den Angehörigen liegt, der aber irgendwie auch vor der ganzen Stadt liegt. Denn im Moment ist es ja noch so, dass es tatsächlich viel zu tun gibt, viel zu organisieren gibt. Und danach, da kommt die Stille. Und danach wahrscheinlich erst das Realisieren dieser ganzen Tragödie. Und dann, so denke ich, ist diese Stadt nochmal gefordert, da zu sein. Aber so wie sich das heute in diesem Gottesdienst angefühlt hat, dann wird Haltern das schaffen, auch weiterhin für all die da zu sein, die einen Menschen verloren haben. Und heute im Gottesdienst haben Schüler und Schülerinnen Einträge vorgelesen aus dem Kondolenzbuch. Eines ist mir dabei besonders haften geblieben, ein Satz und der hieß: Erst wenn wir euch vergessen haben, seid ihr wirklich tot. Und eins hat man dann heute im Gottesdienst versprochen, dass das nie passieren wird. Dass Haltern weder die Schüler noch die Lehrerinnen vergessen wird, sondern dass die

요.
후OO (생방송 리포터) 저는 이 추모미사가 마치 할턴 시 전체를 성당 안에 집어넣은 것처럼 느껴졌습니다. 좀 전에 어떤 시청자의 제보를 인용하시면서, 이 마을이 온통 정지해 있었다고 말씀하셨지요. 그리고 저는 오늘은 그게 조금이나마 풀렸다 말씀드리고 싶은데요. 오늘 미사 중 분위기가 그러하였습니다. 사람들이 슬픔을 어느 정도 표현하는 모습을 볼 수 있었고, 모두가 뭐라도 다함께 해보려고 하는 모습이었습니다. 너무나 심금을 울리는 미사였습니다. 미사에 정말, 정말 많은 사람이 참석했고요. 성당 내부는 발 디딜 틈도 없이 완전히 꽉 찼습니다. 앉을 자리도 없고 서 있을 자리도 없었습니다. 어림잡아 한 900명 정도 되지 않나 생각합니다. 그리고 저는 미사가 끝난 다음 시내 광장에 갔었는데요, 광장은 적막함 그 자체였습니다. 광장은 휑하니 텅 비어있었지만 주변을 둘러 대략 500여명의 시민이 서 있었습니다. 시민들은 아무런 말도 하지 않았고, 어떤 이들은 조용히 눈물을 흘렸고, 다른 누군가를 자기 품에 꼭 껴안고 등을 쓰다듬고 있는 모습을 아주 많이 볼 수 있었습니다. 그리고 이런 장면이 오늘 추모 미사에서도 있었습니다. 우리는 도무지 유가족의 슬픔을 달랠 길이 없고 감히 그 슬픔을 조금은 이해한다 말할 수조차 없을 것입니다. 그들과 함께 하는 것, 그들의 손을 꼭 잡아주는 것만이 우리가 할 수 있는 전부입니다. 그리고 또, 앞에 보도에서도 앞으로 갈 길이 멀다고 말씀하였는데요, 정말 그렇습니다. 유가족에게만 그런 게 아니라 할턴 시민 모두가 정말 고되고 머나먼 길을 걸어가게 되었습니다. 일단 지금 시점에서 볼 때도 여러 가지 바쁘게 해야 할 일이 많이 있지요. 그 지나고 나면 한동안 침묵이 찾아오겠지요. 그러면 이 비극적인 일을 제대로 실감하게 될 거고요. 그 다음 제 생각에는 아마, 할턴 시 전체가 다시 한 번 모이는 계기를 만들어가게 되지 않을까 싶습니다. 하지만 오늘 미사에서 보여준 모습처럼, 할턴 시민은 앞으로도 잘 해낼 것입니다. 그리고 더 나아가 상실의 아픔에 빠진 모든 이들 곁에 이렇게 위로가 되어 줄 것입니다. 오늘 미사 중에 학생이 조문록에 쓰인 글 몇 개를 잠시 낭독하는 시간이 있었습니다. 그중에서 개인적으로 마음을 울리는 말이 하나 있었는데요, 이런 말이었습니다. '우리가 너희를 잊게 된다면, 그 때 너희가 정말로 죽은 게 되는 거야.' 또 오늘 미사 중에 사람들은 모두 앞으로 다시는 이런 일이 일어나지 않도록 하겠다고, 세상을 떠난 학생과 선생님을 결코 잊지 않겠다고, 그 추억을 마음속에 항상 간직하겠다고 약속하였습니다. 성당에는 열여덟 개의 초와 열여덟 송이의 장미꽃이 봉헌되었는데요, 이것은 희생자 하나하나를 기억한다는 뜻입니다. 그리고 훗날 후배 학생이 모두 알 수 있도록 하기 위해 학교에도 어떤 (추모기념물 같은) 것이 하나 세워

Erinnerung an all sie lebendig bleibt. Und so wie heute 18 Kerzen und in der Kirche standen und 18 Rosen niedergelegt wurden, so wird man sicherlich auch ein Gedenken finden, dass den Opfern würdig ist. Und auch an der Schule wird man etwas machen, damit auch zukünftige Schülergenerationen wissen: Es hat diese Schüler hier gegeben. Und ein Geistlicher hat das heute so ausgedrückt, er hätte nicht gedacht, dass ein ganzer Ort trauern kann. Aber genau so hat es sich heute und auch in den letzten Tagen für mich angefühlt. Ein ganzer Ort hat getrauert und ein ganzer Ort möchte allen Betroffenen zeigen: wir sind für euch da.

질 것 같은데요. 그것은 학생이 직접 만든 것입니다. 오늘 어떤 신부님은 이렇게 말했습니다. 자기는 온 마을 전체가 이렇게 함께 슬퍼할 줄은 상상도 못했다고요. 그런데 이것은 정말 현실이고요. 저 또한 지난 며칠 동안 본 것이 그랬습니다. 마을 전체가 슬퍼하고 있고요, 마을 전체가 '우리가 당신들과 함께 있습니다.'하고 말하고 있습니다.

W-13

일시 2015. 4.16. (참사 이후 24일) **분량** 2분21초 **프로그램** Lokalzeit Münsterland

Titel(Bericht) Spanier trauern in Haltern (R○○) | **제목(기자)** 스페인에서 온 조문 (로○○)

Bericht Sie sind gekommen, weil sie auch irgendetwas tun wollten, ihre Anteilnahme zeigen und trösten, wenn das überhaupt möglich ist. In der Schule haben sich die Schulleiterin der Austauschschule, der Deutschlehrer und der Bürgermeister der Stadt V○○ mit den Familien der verunglückten Kinder getroffen. Sie haben Photos mitgebracht, die die Gastfamilien gemacht haben von den Halterner Schülerinnen und Schülern – die letzten von den glücklichen Tagen in Spanien, bevor sie das Flugzeug bestiegen. Bürgermeister K○○ ist dankbar für die Anteilnahme.

KOO (Bürgermeister Haltern) Das ist für uns als Schule und auch als Stadt schon'n besonderes Zeichen. Sie haben unsere Kinder und die beiden Lehrerinnen als letztes lebend gesehen und wir freuen uns sehr, dass sie die Zeit gefunden haben, uns dann auch morgen beim Trauergottesdienst zu begleiten.

Bericht P○○ ist der Deutschlehrer der Partnerschule in der Nähe von Barcelona. Er hatte den Austausch organisiert. Er hat sie alle kennengelernt, die Halterner Schüler und die Lehrerinnen. Er hat viel Zeit mit ihnen verbracht, schöne Tage. Das konnte er erzählen und damit die Eltern vielleicht trösten.

POO (Deuschlehrer) Ich glaube ja, welche sind bisschen erleichtet, erleichtert, nachdem sie

기자 이들은 가능하면 혹시 조금이라도 위로가 될 수 있지 않을까 해서 여기까지 온 사람들입니다. (할턴의 김나지움과) 자매 결연을 맺은 스페인 리나 델 바예스 학교의 교장과 독일어 교사, 그리고 바○○ 시장이 오늘 학교에서 유가족을 만났습니다. 그들은 세상을 떠난 학생이 스페인 가정에서 홈스테이를 하는 동안 찍었던 사진을 가지고 왔습니다. 그것은 학생이 비행기에 탑승하기 전 스페인에서 마지막으로 보냈던 행복한 순간이 담긴 사진이었습니다. 할턴 시장 클○○은 조문하러 먼 길을 온 것에 대해 감사를 표했습니다.

클○○ (할턴 시장) 저희 학교와 시에 큰 위로의 선물입니다. 여러분은 우리 아이들과 두 명의 여선생님을 마지막으로 보신 분들이고 그래서 저희는 여러분이 이렇게 시간을 내서 먼 길을 오시고 내일 또 추모미사에 참석하신다고 하시니 매우 기쁘고 감사하게 생각합니다.

기자 파○○는 바르셀로나 근처에 있는 (할턴 학교의) 자매결연학교에서 독일어를 가르치는 선생님입니다. 교환학생 프로그램을 계획한 것은 바로 파○○ 씨로서, 그는 할턴 학교에서 온 학생과 선생님을 다 알고 있습니다. 파○○ 씨는 그들과 많은 시간을 함께 했고 또 좋은 추억을 간직하고 있습니다. 그는 부모들에게 조금이나마 위로가 되지 않을까 자신이 가진 추억을 나누어 주었습니다.

파○○ (독일어 교사) 위로가 되었던 것 같아요. 저희랑 이야기 나누신 다음에요. 저희가 했던 말을

mit uns oder gesprochen haben, sich unterhalten, so vielleicht, welche Worte von uns bekommen haben oder ein Lächeln oder, oder eine Geste. Also wenn sich da welche, ja und haben wir trösten können.
Bericht Die Stadt Haltern am See hat heute gemeinsam mit den Spaniern und dem Schulleiter zu einem kurzen Pressegespräch eingeladen.
WOO (Schulleiter) Wir sind vereint in diesem Unglück, vereint im Gedenken an dieses Unglück, und ich glaube auch das kann uns dazu veranlassen, auch den weiteren Weg der Partnerschafft zusammen zu gehen.
Bericht Die spanische Schule hat bereits 18 Bäume im Gedenken an die Verstorbenen gepflanzt. Das Gleiche hat auch das Halterner Gymnasium vor. Morgen wird die spanische Delegation gemeinsam mit rund 160 Trauernden, mit Schülern, Lehrern, dem Bürgermeister und den Angehörigen zum Gedenkgottesdienst nach Köln fahren.

들으시고 (위로가 되었던 것 같아요). 미소(를 지으신 분도 계셨고). 아니면 또 어떤 제스처 같은 것(을 볼 때, 위로가 되었다는 것을 느낄 수 있습니다). 그런 것을 볼 때, 네, 위로가 되었던 것 같습니다.
기자 할턴 시는 오늘 할턴 김나지움 교장과 스페인에서 온 조문객들과 함께 작은 기자회견을 열었습니다.
베○○ (교장) 저희는 이 사고 안에서 하나가 되었습니다. 불행한 사고를 기억하며 하나가 되었습니다. 그리고 저희들 사이의 자매결연이 더욱 공고해질 거라 생각합니다.
기자 스페인의 자매결연학교는 희생자를 추모하며 이미 18그루의 나무를 심었습니다. 할턴 김나지움도 나무를 심는 일을 추진할 계획입니다. 스페인 조문객들은 내일 쾰른주교좌성당에서 거행될 추모미사에 참석하기 위해 이곳 160여명의 학생, 교사, 유가족과 시장과 함께 쾰른으로 떠납니다.

W-14

일시 2015. 4. 17. (참사 이후 25일)　**분량** 2분58초　**프로그램** Aktuelle Stunde

| Titel(Bericht) Eine Stadt, ein Land trauert mit (S○○) | 제목(기자) 할턴도, 국가도 애도합니다 (슈○○) |

Bericht Es ist noch früh. Der Gottesdienst wird erst in zweieinhalb Stunden beginnen. Vor dem Dom warten schon Menschen, die Anteil nehmen wollen. Auch B○○ ist es wichtig, mit ihren Töchtern dabei zu sein.
BOO 8 Ich finde das gut, dass es hier ne Form gibt, um mal innezuhalten und Trost und ne Form von Verarbeitung zu finden. Und man kann das eigentlich überhaupt nicht nachvollziehen, was das für die Menschen bedeutet, die wirklich ein Kind verloren haben. Da saßen auch viele Kinder drin im Alter meiner älteren Tochter hier. Vielleicht ist das auch ein Trost für die Angehörigen, wenn die merken: Ja da haben Leute wirklich die ganze Zeit Anteil genommen.
Bericht 250 Plätze für nichtgeladene Gäste gibt es. Ganz offen hat B○○ mit ihren Töchtern über das Unglück und die Trauer gesprochen.
BOO Und dann tauchen ganz schwierige Fragen auf und es ist auch gut, dass wir dann sagen: 'Nee das ist jetzt wichtig. Jetzt bleibt mal alles andere stehen und liegen. Und das

기자 시민들은 벌써부터 나와서 기다리고 있습니다. 미사는 두 시간 반 후에야 시작됩니다. 미사에 참석하기 위해 기다리고 있는 사람들입니다. 보○○도 두 딸과 함께 미사에 참석합니다.
보○○ (시민) 오늘 이렇게 함께 기억할 자리가, 이런 형태로 마음을 추스를 자리가 마련되었다는 것이 위로가 됩니다. 자식을 잃은 부모에게 이런 것이 얼마나 큰 의미를 가지는지 이해할 수 있는 사람은 없어요. 제 큰 딸 또래 아이들이 많이 왔어요. 어쩌면 저희 유가족을 위로해주기 위함이었는지 모르지요. 정말 많은 사람이 처음부터 끝까지 함께 자리해 주셨습니다.
기자 250개의 비지정 좌석이 있습니다. 보○○와 그녀의 딸들은 참사사건과 슬픔에 대해 열린 마음으로 인터뷰에 응해 주었습니다.
보○○ 갑자기 엄청나게 많은, 도저히 답할 수 없는 수많은 의문점이 생기게 돼요. 그럴 때 거기서 이렇게 말하는 것이 괜찮은 거예요. '아니야, 지금은 이게 중요한 거야. 나머지 다른 것은 일제 신

kann man eigentlich nicht begreifen und wir nehmen uns jetzt dafür aber auch Zeit.'
Bericht Inzwischen treffen die geladenen Gäste ein. Die Ministerpräsidentin von NRW, der Bundespräsident und die Kanzlerin. Auch Vertreter der Fluggesellschaften sind dabei. Dann dürfen die anderen Besucher in den Dom, so wie B○○ und ihre Töchter. Ein paar hundert Meter weiter treffen sich die Mitarbeiter von Lufthansa und Germanwings für eine Übertragung der Trauerfeier an einem anderen Ort. Ein Innehalten. Die Bahnen der Kölner Verkehrsbetriebe stehen eine Minute still, um kurz vor 12:00.
Predigt Denn ich sah einen neuen Himmel und eine neue Erde. Denn der erste Himmel und die erste Erde sind vergangen.
Bericht Und draußen vor dem Dom verfolgen die Menschen den Gottesdienst auf einer Großleinwand.
Passant1 Das ist sehr anrührend. Wir haben ja in diesen Wochen viel darüber nachgedacht. Ich finde das gut, dass das hier in Köln so gemacht wird.
Passantin2 Tut mir einfach Leid, was da passiert ist. Und darum bin ich hier.
Bericht Der Gottesdienst endet und es dauert ein wenig, bis B○○ mit ihren Töchtern aus dem Dom kommt - noch ganz unter dem Eindruck der Trauerfeier.
B○○ Da fand schon sehr viel Trauer statt. Aber so im Rücksicht auf die Familien und Angehörigen würd ich das auch gerne in der Kirche lassen.
Bericht Sie bleibt natürlich, die tiefe Trauer. Aber heute haben viele Menschen gezeigt, dass sie die Angehörigen damit nicht allein lassen.

경 쓸 거 없어. 이런 거 다른 사람들은 물론 정말 이해하지 못하겠지만, 우리한테는 어쨌든 지금 (받아들일) 시간이 필요해.'
기자 그러는 동안 내빈들이 먼저 성당에 들어갑니다. NRW주 총리와 연방대통령, 그리고 연방총리가 성당에 도착했습니다. 루프트한자와 저먼윙스의 대표들도 있습니다. 이제 일반인이 들어갈 차례입니다. 보○○와 그녀의 두 딸도 들어갑니다. 약 이백 미터 떨어진 또 다른 장소에서는 루프트한자와 저먼윙스의 직원들이 함께 모이는 모습이 보입니다. 이곳에서 중계되는 추모미사를 시청할 것입니다. 정오 전에는 약 일 분간 쾰른 시내의 모든 대중교통 운행이 중단됩니다.
설교 일부분 저는 새로운 하늘과 새 땅을 보았습니다. 첫 번째 하늘과 첫 번째 땅은 사라졌기 때문입니다.
기자 시민들은 쾰른주교좌성당 광장에 설치된 대형 전광판을 통해서 미사를 시청할 수 있습니다.
시민1 감동적입니다. 이번 주에 저희는 이런 거 정말 한번 해야 하는 거 아닌가 생각했거든요. 그리고 정말 여기 쾰른에서 추모미사를 하는 것은 참 잘한 일이라고 봅니다.
시민2 이런 참사가 일어났다는 게 너무 슬퍼요. 그래서 여기 왔어요.
기자 미사가 끝났습니다. 조금 있으면 보○○ 씨가 딸과 함께 성당에서 나올 텐데요. 추모미사의 여운이 아직 많이 남아 있을 겁니다.
보○○ (시민) 슬퍼하는 사람들이 정말 많았어요. 확실히 유가족이나 그 외 다른 당사자를 생각해볼 때도 성당 안에서 추모할 수 있도록 하는 게 좋은 거 같이 해요.
기자 추모는 물론 계속될 것입니다. 유가족을 홀로 내버려두지 않는다는 것을 오늘 많은 사람이 분명히 보여주었습니다.

W-15

일시 2015. 4.17. (참사 이후 25일) **분량** 3분06초 **프로그램** Aktuelle Stunde

Titel(Bericht) Trauergottesdienst für die Opfer des Flugzeugabsturzes (M○○) **제목(기자)** 희생자를 위한 추모미사 (무○○)

Bericht Er lag auf jedem Platz: Eine schlichte Holzfigur. Seine Bedeutung erklärten zwei Notfallseelsorger, die selbst am Unglücksort in den französischen Alpen im Einsatz waren. Der **기자** 모든 좌석에는 나무로 된 조그만 공예품이 하나씩 놓여 있었습니다. 프랑스 알프스 산간 사고지점에 투입되었던 두 명의 응급상황 젤조르거가 이 물건의 의미를 설명해줍니다. 이 작은 나

---

8 이름 자막이 없어서 듣고 기록함.

Engel soll Halt geben, Mut machen.
DOO (Notfallseelsorge Düsseldorf) Er lädt ein inmitten von allem, was zur Sorge, zur Klage und Trauer Anlass gibt, nach Quellen der Kraft und Bestärkung zu suchen. Menschen brauchen Engel, die ihnen den Weg zeigen und ihnen zur Seite sind.
Bericht 1.400 Gäste waren in den Kölner Dom gekommen, um gemeinsam zu trauern. Angehörige der Opfer des Flugzeugabsturzes, Freunde, Kollegen, Ersthelfer. Außerdem Ranghohe Politiker aus Deutschland, Frankreich und Spanien und ganz normale Bürger.
KOO (Präses evangelische Kirche von Westfalen) Unbegreifliches ist geschehen. Eltern und Kinder, Männer und Frauen, Freundinnen und Freunde, Kollegen und Kolleginnen wurden aus dem Leben gerissen. Menschen wurden abgeschnitten von ihren Lieben und von Allem was noch bis vor dreieinhalb Wochen so selbstverständlich schien.
Bericht Wie schwer es ist, angesichts dieses Unbegreiflichen Worte zu finden, Trost zu spenden, das wurde in allen Ansprachen immer wieder deutlich.
WOO (Erzbischof von Köln) Bloße Worte, die sind zu schwach, Sie zu trösten. Aber liebe Schwestern und Brüder, dass wir alle hier sind und dass auch so viele Menschen in diesem Moment durch die Medien mit uns zusammen Ihnen unser menschlicher Mitleid und Beileid zeigen wollen, dass soll Ihnen Trost sein.
Bericht Stellvertretend für alle Hinterbliebenen sprach S○○. Sie hat bei dem Flugzeugabsturz ihre Schwester verloren.
SOO ⁹ Herr ich bitte dich, trockne unsere Tränen. Stärke die schöne Erinnerung und schenke uns allen neuen Lebensmut. Gib allen Angehörigen aus Deutschland, Spanien und den anderen Nationen treue Begleiter auf ihrem weiteren Weg.
Bericht Es sei etwas zerstört worden, das in dieser Welt nicht mehr geheilt werden könne, so Bundespräsident G○○ in seiner Rede. Die Trauer habe die Menschen aber auch näher zusammengebracht.
GOO (Bundespräsident) Trauer und Schmerz brauchen ihre Zeit bis der Trost wirklich tröstet und bis wir weitergehen können im Leben.
Bericht Bis dahin helfe nur das Gefühl, nicht allein zu sein. Dieses Gefühl konnten all die

무천사는 용기와 위로를 주어야 한다는 것입니다.
되○○ (뒤셀도르프 응급상황 젤조르거) 이 천사는 우리가 걱정과 슬픔과 비탄에 잠겨 있을 때 힘을 얻고 생기를 다시 되찾아야 한다는 것을 속삭이고 있습니다. 인간이 가야할 길을 알려주고 어려울 때 곁에 있어주는 천사를 꼭 필요로 합니다.
기자 쾰른주교좌성당에는 1400여명의 추모객이 참석했습니다. 유가족과 희생된 아이들의 친구와 학교 선생님들, 위급할 때 도움을 주었던 사람들, 독일과 프랑스와 스페인의 고위 관료들이 자리를 함께 하였으며 그 외 일반 시민도 참석했습니다.
쿠○○ (독일 복음교회 베스트팔렌 지역교회 의장) 참으로 믿기 힘든 일이 일어났습니다. 부모와 자녀가 이별했고, 남자와 여자가 이별했으며, 친구들과 동료들을 잃었습니다. 사랑하는 사람들을 죽음으로 떠나보내야 했고, 3주 반 전까지만 해도 당연한 듯 보였던 모든 것을 완전히 떠나보내야 했습니다.
기자 이 애통한 사건을 두고 무어라 표현할 말을 찾는 것이 얼마나 힘든지, 위로한다는 것이 얼마나 어려운 일인지 재차 강조되었습니다.
뵐○○ (쾰른 대교구 교구장) 위로한다는 말로는 아무것도 위로할 수 없습니다. 하지만 형제자매 여러분, 우리가 오늘 이 자리에 함께 있으며 수많은 사람이 또한 생중계 방송을 통해 이 순간을 함께하고 있고, 함께 슬픔을 나누고 슬픔에 동참하고 있다는 사실, 이것이야말로 위로가 되지 않을까 싶습니다.
기자 사○○는 유가족 대표로 이 자리에 섰습니다. 그녀는 비행기 추락사고로 여동생을 잃었습니다.
사○○ (유가족 대표) 주님, 저희의 눈물을 닦아주소서. 아름다운 추억을 간직하게 하시고 저희 모두가 새 삶을 살 수 있도록 힘을 주소서. 독일과 스페인과 다른 모든 나라에 있는 유가족들의 삶에 앞으로 언제나 함께 하여 주소서.
기자 이 땅에서 더는 치유될 수 없는 어떤 것이 이제 산산조각 나 버렸습니다. 하지만 슬픔으로 우리 모두는 더 가까워졌습니다. 연방대통령 가○○의 추도사입니다.
가○○ (연방대통령) 위로가 참으로 위로가 되기까지, 그리고 우리가 다시 삶을 살 수 있게 되기까지 슬픔과 아픔에도 긴 시간이 필요합니다.
기자 그때까지 항상 함께한다는 우리 마음을 전달하는 것만이 유가족에게 도움이 될 것입니다. 그

Menschen, die heute kamen und Anteil nahmen, den Angehörigen hoffentlich vermitteln.

리고 오늘 이 자리에 모여 이 시간을 함께한 모든 이들은 유가족에게 이런 마음을 전달할 수 있었습니다.

W-16

일시 2015. 4.17. (참사 이후 25일) 분량 28분38초	프로그램 기존 보도를 바탕으로 만든 특집 프로그램

Titel Der Absturz: Die Trauer bleibt. Vergeht die Angst?
SOO (Sprecher) Eine Katastrophe, die das Land erschüttert hat: der Absturz von Germinwings Flug 4U9525.
MOO Zu akzeptieren, dass es der blanke, bloße Zufall ist, der einen lieben Menschen zu einem ausgelieferten Opfer der Willkür eines anderen Menschen macht, ist einer der schwierigsten und schmerzhaftesten Gedanken, den ein Mensch überhaupt ertragen kann.
Sprecher Für die Angehörigen besonders schmerzhaft: Es war kein Unfall. Es war offenbar Absicht. Was geht in einem Menschen vor, der so eine Tat plant?
BOO Das Hauptmotiv ist schon, diese Menschen zu töten und Aufmerksamkeit zu erregen, wobei die Opfer eigentlich Mittel zum Zweck waren, so schlimm das klingt.
Sprecher Hätte Technik die Katastrophe verhindern können? Die Forscher sind viel weiter als wir denken.
POO Von der Technologie her, sehe ich kein Problem dran ein Flugzeug, ein Passagierflugzeug fernzusteuern.
Sprecher Der Absturz von Germanwings Flug 4U9525, eine Katastrophe, die immer noch viele Fragen offen lässt.
(als Text eingeblendet) Der Absturz. Die Trauer bleibt. Vergeht die Angst?
Sprecher Es scheint die Sonne über Saint Lisalpe. Doch über den kleinen Ort in Süd-Frankreich liegt immer noch ein Schatten.
LOO (Bewohnerin) Wir hätten nie gedacht, dass wir eines Tages am Himmel auf die Flugzeuge achten würden. Heute, sobald wir aus der Tür treten, sehen wir einen Himmel, der uns zuvor unbekannt war und der uns jetzt traurig macht.

제목 추락사고: 슬픔만 남겼나, 아니면 불안함까지 남겼나?
셰OO (나레이션) 저먼윙스 여객기 4U9525의 추락사고, 전국을 충격에 빠트린 비극적인 사건입니다.
마OO (다른 참사 유가족) 소중한 사람들을 단 한 사람의 자의에 희생당한 일을 단순히 우연히 일어난 사고였다라고 보는 것, 이것은 너무 괴로운 일이에요, 이건 정말이지 절대로 받아들일 수 없고 상상조차 할 수 없는 생각입니다.
나레이션 유가족에게는 더 큰 괴로움이 아닐 수 없습니다. 그것은 사고가 아니었습니다. 고의로 일어난 사건입니다. 이런 일을 벌이려고 마음먹었다니, 대체 무슨 생각을 하고 있었던 것일까요?
바OO (테러범죄 연구자) 사람들을 죽이고 그렇게 해서 대중의 이목을 끌려는 의도는 분명히 있습니다. 여기서 희생되는 사람들은 어떤 목적을 달성하기 위한 수단으로 쓰였을 뿐이지요. 끔찍합니다.
나레이션 기술적으로 재앙을 막을 수 있는 가능성은 없었을까요? 전문가들은 우리가 생각하는 것 이상을 보고 있습니다.
파OO (항공안전 전문가) 기술적인 측면에서 말하자면 항공기, 그러니까 여객기를 원격조종하는 것은 전혀 불가능한 일이 아닙니다.
나레이션 저먼윙스 4U9525 항공기의 추락은 많은 의문점을 남기고 있습니다.
(자막) 추락사고: 슬픔만 남겼나? 아니면 불안함까지 남겼나?
나레이션 생 리살프의 날씨는 화창합니다. 하지만 이 작은 마을에는 아직 어두운 그림자가 드리워 있습니다.
리OO (주민) 하늘에 떠있는 비행기를 계속해서 쳐다보며 살게 될 줄이야 그전에는 생각도 못했습니다. 오늘도 집 밖에 나오자마자 하늘을 보았는데, 이제는 하늘이 예전 같지 않아요. 보고 있으면 그냥 슬픕니다.

---

9 이름 자막이 없어서 듣고 기록함.

Sprecher Die Bergung der Trümmerteile der Germanwingsmaschine ist fast abgeschlossen. Stumme Zeugen einer Tragödie. In Kürze wollen die Einsatzkräfte die letzten Spuren an der Absturzstelle beseitigen. Die Trauer aber bleibt. 150 Menschen kamen bei der Katastrophe ums Leben, darunter 72 Deutsche. An Bord waren auch 16 Schülerinnen und Schüler und zwei Lehrerinnen aus Haltern in Nordrhein-Westfalen. Sie waren auf dem Rückweg von einem Schüleraustausch. Ihre Schule und die kleine Stadt am Rande des Ruhrgebiets ist zu einer Art Zentrum der Trauer in Deutschland geworden. Hier bietet eine Trauerbegleiterin ihre Hilfe an. Sie ist da, wenn die Notfallseelsorger weg sind und wenn das Leid mit voller Wucht zurückkommt. S○○ kennt die vielen Gesichter der Trauer.
S○○ Trauer ist ein angeborenes Gefühl, was ich empfinde und Freude ist ein angeborenes Gefühl, was ich empfinde. Und da ist es mir wichtig, dass diese Gefühle gelebt werden. Wir gehen kaputt, wenn wir Trauer an die Seite schieben, die Zähne zusammenbeißen und einfach weitermachen. Das funktioniert nicht.
Sprecher In den Räumen der evangelischen Kirche bietet sie deshalb für die traumatisierten Jugendlichen aus Haltern am See Gespräche an. Mit dabei sind R○○, K○○, J○○ und P○○. Die vier haben auch alle einen Angehörigen verloren und durch die Trauergruppe gelernt damit fertig zu werden.
S○○ Dass es im Grunde immer wieder darum geht, wie geht ihr mit der Trauer um, was hat uns geholfen? Ähm. Vielleicht haben die tatsächlich Dinge, wo ihr sagt: Boah toll! So habe ich nicht darüber nachgedacht damals. Oder: ich nehme mir da heute ein Beispiel dran. Oder Dinge wo ihr einfach sagt: Boah so gings mir damals auch.
N○○ Das hat mich an meine eigene Situation erinnert. Ich habe auch viele Gefühle wiedererkannt. Und auch an den Tag als die Nachricht kam, war ich sehr nachdenklich auch über den Tod meines Bruders. Und ähm hab da halt gedacht ähm da würde ich auch gerne helfen und mit den Personen halt Eindrücke austauschen.
R○○ Ich wollt denen halt zeigen, so n Weg

나레이션 추락한 저먼윙스 여객기의 잔해 수습작업은 거의 마무리 단계에 있습니다. 이 비극적인 참사의 말 없는 증인들입니다. 이제는 추락장소에 남아있는 마지막 흔적을 지울 것입니다. 하지만 슬픔은 지워지지 않고 남아 있습니다. 이 사고로 150명이 목숨을 잃었고 그중 72명이 독일인입니다. 탑승객 중에는 NRW주 할턴에서 온 16명의 학생과 두 명의 교사가 포함되어 있습니다. 이들은 교환학생 프로그램에 참가했다가 돌아오는 길이었습니다. 루르지방 끝에 있는 이 작은 마을과 그곳의 김나지움은 독일에서 거의 상징적인 추모장소처럼 되었습니다. 이곳에서는 애도상담사 한 명이 큰 도움이 되고 있습니다. 그녀는 극한의 슬픔으로 괴로워하는 모든 곳에, 그리고 응급상황 젤조르거가 부재중일 때 사람들과 함께합니다. 슈○○씨는 상실감에 빠진 사람들을 많이 경험했습니다.

슈○○ (애도상담사) 슬픔과 기쁨은 우리에게 매우 익숙한 감정입니다. 이러한 감정을 갖고 살아야 합니다. 슬픔에 잠시 머무르는 시간 없이, 이를 억압하고 그저 앞으로 나아가려고만 한다면 우리는 언젠가 반드시 쓰러지고 맙니다. 슬픔에 그런 식으로 대처하면 안 됩니다.

나레이션 이곳 복음교회 안에 마련된 공간에서 슈○○씨는 트라우마에 빠진 할턴 암 제의 학생과 대화를 나눕니다. 르○○, 칼○○, 율○○ 그리고 피○○가 자리에 함께했습니다. 네 명의 학생은 모두 친구를 잃었고 어떻게 대처해야 하는지 트라우어그룹페를 통해 배우게 되었습니다.

슈○○ (애도상담사) 나의 슬픔에 어떻게 대응해야 할까, 어떻게 하는 것이 내게 도움이 될까, 이런 것들을 알고 있어야 해. 음, 뭐랑 비슷하냐면, 아 그렇구나? 나는 그렇게까지는 생각하지 못했는데, 너희가 이렇게 말하는 경우가 있을 거야. 아니면, 내가 오늘 예를 하나 들어줄게(나도 똑같은 일 겪었는데 내 얘기 한번 해줄게), 하고 말한다든지, 또 아니면, 야, 맞아, 나도 그랬어, 이렇게 말하는 때 있잖아.

니○○ (다른 참사 유가족) 제가 겪었던 일이 생각나요. (이렇게 함께 대화를 나누다보니) 예전에 느꼈던 감정이 다시 살아났습니다. 이 사고 소식을 처음 접했을 때 저는 죽은 제 동생(또는 형)을 다시 한 번 떠올렸고 한참 생각에 잠겼어요. 그리고 여기 친구들을 도와주겠다는 생각이 들었습니다. 또 서로 어떤 생각 어떤 느낌을 갖고 있는지 나누고 싶기도 했고요.

루○○ (남학생) 저는 이럴 때 정말 어떻게 해야 하

117

zeigen, dass – Es ist schlimm Leute, aber guckt mal mich an, ich habs auch geschafft irgendwie. Und ich lebe immer noch.
Sprecher Doch wie kann das Leben weitergehen, wenn aus hundert Kerzen eine wird, wenn die Kameras weg sind? M◯◯s Tochter N◯◯ starb vor 6 Jahren gemeinsam mit 15 anderen Menschen beim Amoklauf an der Albertville-Realschule in Winnenden.
MOO Man braucht sehr sehr lange, um überhaupt zu verstehen, dass etwas Entgültiges passiert ist, dass der Mensch, den man jetzt vermisst wirklich nicht mehr, auch nicht morgen, übermorgen und auch in keinen zukünftigen Jahr mehr, auftauchen wird. Das ist ungeheuer schwer zu akzeptieren. Ein zweiter ungeheuer schwieriger Schritt ist dann, zu akzeptieren, dass das aufgrund eines Verbrechens, das heißt der mutwilligen, überlegten und bewussten Tat eines anderen Menschen geschehen ist.
Sprecher Bei L◯◯ war es auch ein Flugzeugabsturz, der ihm seinen Sohn genommen hat. Er kann genau nachempfinden, wie sich die Angehörigen nach der Germanwingskatastrophe fühlen.
LOO Was denen im Kopf rumgehen muss, die Gedanken, die Hoffnungen. Dass vielleicht doch irgendeine Falschmeldung dazu beiträgt, dass der geliebte Mensch vielleicht doch nicht mit dabei war.
Sprecher 06. Februar 1996, eine Maschine der Fluggesellschaft Birgenair mit 189 Menschen an Bord stürzt ins Meer. In Berlin Schönefeld warten verzweifelte Angehörige auf die Passagierlisten, unter ihnen auch L◯◯ und seine Frau, die bis zuletzt hoffen, dass ihr Sohn Tom doch am Leben ist.
LOO Wir waren natürlich wahnsinnig aufgeregt und hatten – Meine Frau sagt immer: Ja unser Sohn, der war ein guter Schwimmer, ja? Aber, es ist – ob man gegen einen Fels prallt mit dem Flugzeug oder aufs Meer ist beides gleich hart und schlimm.
Sprecher L◯◯ und M◯◯, sie haben eine Gemeinsamkeit: Beide müsse die unfassbar große Trauer verarbeiten, ein Kind verloren zu haben. Der Psychotherapeut P◯◯ hilft seit über 20 Jahren Hinterbliebenen mit traumatischen Erfahrungen umzugehen. Bei vielen Menschen versagen im Falle einer

는지, 해결방법을 알려주고 싶었어요. 진짜 힘든 거 맞아, 그런데 나를 한번 보라고, 어찌되었건 이 겨냈잖아, 이렇게요. 그리고 아직도 이렇게 살고 있다고요.
나레이션 하지만 대체 어떻게 살아야 할까? 수백 개의 초가 언젠가 하나밖에 남지 않게 되고 또 카메라의 시선도 더 이상 받지 않게 되면? 마◯◯씨의 딸 니◯◯는 6년 전 비넨덴의 알베르빌 공고(실업고등학교)에서 난동이 일어났을 때 15명의 다른 사람들과 함께 목숨을 잃었습니다.
마◯◯ (다른 참사 유가족) 진짜로 내게 무슨 일이 일어난 건지 완전히 납득하기까지는 정말 오랜 시간이 걸립니다. 내가 지금 누군가를 그리워하는데 그 사람을 내일도 모레도 볼 수 없고 앞으로 영영 볼 수 없게 된다는 사실을 완전히 받아들이려면요. 이런 사실을 납득한다는 건 절대로 쉬운 일이 아닙니다. 그리고 그 다음 단계는 이보다 훨씬 더 어려운 것인데요, 바로 이 사건이 어떤 특정 개인에 의해 고의적이고, 또 명백히 의도적으로 일어난 범죄라는 사실을 받아들이는 일입니다.

나레이션 라◯◯씨도 비행기 사고로 아들을 잃었습니다. 그는 저먼윙스 여객기 추락사고로 가족을 잃은 사람들의 마음을 누구보다도 잘 이해하고 있습니다.
라◯◯ (다른 참사 유가족) 수많은 생각으로 머리가 꽉 차게 됩니다. 그리고 희망을 놓지 못해요. 오보였을 수 있다든지 아니면 내가 사랑하는 그 사람은 어쩌면 저 때 저 곳에 있지 않았을 수도 있다고요.
나레이션 1996년 2월 6일 비르겐에어의 여객기가 189명의 승객과 함께 바다에 추락했습니다. 베를린 쇠네펠트 공항에는 절망에 빠진 탑승객의 가족들이 애를 태우며 기다리고 있었습니다. 라◯◯와 그의 부인도 거기 있었고, 부부는 아들이 그래도 살아 있을 거라는 희망을 마지막까지 놓지 못했습니다.
라◯◯ (다른 참사 유가족) 저희는 그때 정말 미쳐버릴 지경이었습니다. 제 아내는 우리 아들은 수영 잘하잖아, 그치? 하는 말만 자꾸 반복했어요. 하지만, 비행기가 땅에 추락하나 바다에 추락하나 그 충격은 똑같이 엄청난 거 아니겠습니까. 거기서 아무도 살아남지 못한다는 건 뻔한 일입니다.
나레이션 라◯◯와 마◯◯는 서로 공감하는 부분이 있습니다. 이들은 둘 다 자식을 잃어버렸다는 이루 말할 수 없는 깊은 슬픔을 이겨내야 했다는 것입니다. 심리치료사인 피◯◯는 트라우마에 빠진 유가족과 상담을 해온 경력만 20년이 넘습니다. 참사 사고로 자식의 죽음을 겪은 사람들은 대부분 외부의 도움을 거부합니다.

Katastrophe die Selbstheilungskräfte, insbesondere wenn es um den Verlust eines Kindes geht.
P○○ Der Verlust des eigenen Kindes ist in der Tat das Schlimmste, was uns Menschen passieren kann. Es ist einfach in der gedachten Weiterentwicklung nicht vorgesehen. Die Eltern sollten zuerst sterben und später erst die Kinder. Und durch die Kinder stirbt die Zukunft vieler Eltern. Und das ist natürlich sehr sehr schwer ähm zu akzeptieren und es ist sehr schwer damit weiterzuleben. Nicht alle Menschen schaffen das. Es- also ich glaube, der Verlust des Kindes bringt uns wirklich an die Grenze dessen, was Menschen ertragen und aushalten können.
Sprecher Beim Amoklauf von Winnenden waren unter den 15 Opfern viele Kinder. Am 11. März 2009 dringt der 17jährige Tim K. in seine ehemalige Schule ein, rennt durch Klassenräume und schießt wahllos auf Schüler und Lehrer - der bisher folgenschwerste Amoklauf in Deutschland. M○○s Tochter N○○ war damals Lehrerin an der Albertville-Realschule. Sie begegnete auf dem Schulflur dem Amokschützen. Bis zu dem Moment hatten sie und ihr Mörder sich noch nie gesehen. Es gab keinerlei Verbindung zwischen Täter und Opfer, wie auch bei der Germanwings-Katastrophe. Für die Hinterbliebenen macht es das viel schwerer.
M○○ Zu akzeptieren, dass es der blanke, bloße Zufall ist, der einen lieben Menschen zu einem ausgelieferten Opfer der Willkür eines anderen Menschen macht, ist einer der schwierigsten und schmerzhaftesten Gedanken, den ein Mensch überhaupt ertragen kann.
Sprecher Die Angehörigen der Opfer des Germanwingsfluges müssen nun diesen harten Weg gehen und lernen, damit umzugehen. Zunächst war bei dem Absturz immer wieder von einem Selbstmord des Copiloten die Rede. Die Amokforscherin B○○ analysiert das Geschehen anders.
B○○ Es ist also nicht die Verzweiflungstat enes Suizidenten, sondern es ist eine Tat aus Rache und Groll an Vielen, die dann Unbeteiligte als seine Geiseln ja quasi, als Opfer mit in Kauf nimmt, um im Grunde auch etwas zu dokumentieren.
Sprecher Wenn es ein Amoklauf war, was hat

피○○ (상담사) 자기 자식을 죽음으로 떠나보내는 것은 사실 우리 인간에게 일어날 수 있는 가장 큰 고통입니다. 쉽게 말해서, 이건 부모의 삶을 앗아 가는 것과 똑같습니다. 일반적으로 부모가 나이 들어 먼저 세상을 떠나는 거고 그 다음이 자식 차례가 되는 것이 순리입니다. 많은 부모는 자녀를 위해 자기들의 삶을 기꺼이 희생하지 않습니까. 자녀의 죽음을 받아들이는 게 정말 어려운 이유가 바로 이겁니다. 그럼 이제 부모는 어떻게 살라고요. 이런 고통을 이겨내고 살 수 있는 사람은 극히 소수입니다. 저는 자녀의 죽음은 인간이 감당할 수 있는 가장 극한의 아픔과 슬픔일 거라 생각합니다.

나레이션 비넨덴의 충격 사건으로 15명이 희생되었는데 희생자 대부분이 아이들입니다. 2009년 3월 11일 17세의 팀 K는 한때 자기가 다녔던 학교에 찾아와 교실 이곳저곳을 다니며 교사와 학생을 향해 무차별적으로 총기를 난사했습니다. 이것은 지금까지도 독일에서 가장 끔찍한 총기난사사건으로 기록된 참사입니다. 마○○의 딸 니○○는 당시 알베르빌 실업학교에 근무하는 교사였습니다. 니○○는 학교 복도에서 총기 난동범을 마주쳤습니다. 그녀는 범인과 아무런 안면도 없는 사이였습니다. 저먼윙스 여객기 추락사고와 마찬가지로 비넨덴의 참사에서도 범인과 희생자 사이에는 아무런 연관도 없습니다. 유가족을 괴롭게 하는 것은 바로 이러한 사실입니다.

마○○ (다른 참사 유가족) 순전히 우연으로 일어난 사고였다고, 사랑하는 사람이 아무 이유도 없이 다른 누군가에게 희생되었다는 사실을 납득하는 것은 너무나도 괴로운 일입니다. 정말 견딜 수 없는 고통입니다.

나레이션 저먼윙스 여객기 참사 희생자의 가족들은 이제 이와 같은 어려운 길을 가야만 합니다. 이 끔찍한 슬픔과 고통을 이겨내는 법을 배워야 합니다. 저먼윙스 여객기의 경우에는 부조종사의 자살시도라는 분석이 계속해서 나오고 있습니다. 테러범죄 연구자인 바○○는 그러나 조금 다르게 보고 있습니다.

바○○ (테러범죄 연구자) 이 사건은 스스로 생을 마감하려는 어떤 사람이 절망에 빠져서 벌인 일이 아닙니다. 이것은 불특정 다수의 사람을 향한 증오와 원한이 담긴 복수입니다. 아무런 관계도 없는 사람들을 사실상 인질로 잡고서 자기 죽음에 대한 증인으로 만들려는 것입니다.

나레이션 이 사건이 만일 정말 살인극이라면 부조종

119

den Copiloten dazu veranlasst? Seine Motive, seine Krankheiten liegen noch im Dunkeln. Das Geschehene erschüttert unser Sicherheitsgefühl. Bislang stand die Luftfahrt oft in der Kritik, weil sie viel zu sehr auf Technik setzt. Auch sofort nach dem Unglück gab es sofort Spekulationen über ein Technikversagen. Doch seitdem klar ist, dass der Copilot mutwillig gehandelt hat, rückt der Risikofaktor Mensch wieder ins Blickfeld. Plötzlich wird der Ruf nach mehr Technik laut. Hätte sie den Absturz verhindern können? Die Luftfahrt ist hochgradig automatisiert. Flugzeuge werden vom Start bis zur Landung in der Regel vom Autopiloten gesteuert, nicht mehr von Hand. Der Pilot ist in erster Linie Systemmanager. M○○ bietet in Köln Kurse in einem Flugsimulator an. In seinem Repertoire auch das Cockpit des A320, der gleiche Flieger wie die Unglücksmaschine. Es ist das erste Verkehrsflugzeug mit rein digitaler Steuerung. Über 2000 Rechner steuern die Maschine. Airbus setzt dabei auf die sogenannte Variante Fly-by-wire Technik. Der Computer überwacht alle Steuerimpulse der Piloten und korrigiert sie notfalls.

M○○ Dem Piloten soll vor allem das Nachdenken erleichtert werden. Ja? Also wenn ich jetzt durchstarten muss, beispielsweise und muss das Flugzeug hochziehen, dann muss man in konventionellen Flugzeug immer gucken wie ist die Geschwindigkeit, wie ist der Anstellwinkel, dass man nicht in so 'nem Strömungsabriss gerät. Weil das würde das Flugzeug unweigerlich zum Abstürzen bringen. Und das Fly-by-wire-System verhindert das. Das heißt, ich kann das Flugzeug praktisch auch extrem steuern, also nach rechts und nach links und es bleibt immer im gewissen Rahmen, sodass dem Flugzeug nichts passieren kann.

Sprecher Doch die zunehmende Automatisierung hat einen großen Nachteil. Piloten verlassen sich mehr und mehr auf die Technik. Wie sehr, zeigt eine Umfrage aus den USA. Demnach verbringen Boeing-Piloten durchschnittlich nur noch ca. 7 min pro Flug tatsächlich mit manueller Steuerung. Airbus-Piloten sogar nur halb so viel. Verlernen Piloten etwa zunehmend das manuelle Fliegen? Wie weit darf unsere Technikgläubigkeit gehen? Was wenn die

사의 범행 동기는 무엇이었을까? 그의 동기와 그가 앓고 있었던 질환에 대해서 알려진 바가 없습니다. 이 사건은 우리 모두를 불안에 빠트립니다. 지금까지는 항공기 운항과 관련해서는 너무 기계 자체의 기능에만 의존한다는 비판이 많았고, 저먼윙스 여객기가 추락한 직후에도 기술적인 문제가 즉시 지적되었습니다. 하지만 부조종사가 고의로 추락시켰다는 사실이 알려지고 나서부터는 오히려 기계보다는 인간이 더 위험요소라는 시각이 커지고 있습니다. 이와 더불어 항공기의 기술을 강조하는 입장이 다시금 주목받게 되었습니다. 과연 여객기 추락을 기술적으로 막을 수 있었을까요? 항공 운항은 고도로 자동화 되어있습니다. 비행기는 처음 이륙할 때부터 다시 착륙할 때까지 전 과정이 인간의 손이 아니라 자동조종시스템으로 통제됩니다. 조종사가 하는 일은 일차적으로는 바로 이 시스템의 관리입니다. 미○○은 쾰른에서 시뮬레이션을 통한 항공교육을 제공하고 있습니다. 그의 항공기 시뮬레이터 중에는 A320 조종 시스템도 마련되어 있습니다. 바로 추락한 여객기와 동일한 조종실입니다. A320은 민간 일반항공기 중에서는 최초로 백퍼센트 디지털 운항 시스템을 갖춘 모델입니다. 기체를 통제하는 컴퓨터만 무려 2000여개가 넘습니다. 에어버스는 여기에 (전기신호 제어 방식인) '플라이 바이 와이어' 기술을 도입했습니다. 컴퓨터는 조종석에서 입력되는 모든 조종신호를 통제하며 일체의 유사 상황을 미연에 방지합니다.

미○○ (시뮬레이션 항공교육자) (이 시스템 덕분에) 조종사는 이리저리 생각해봐야 하는 수고를 하지 않아도 됩니다. 아시겠어요? 그러니까 예를 들면 제가 이렇게 작동시키면 기체가 상승하는데요, 기존의 조종 시스템에서는 그러는 동안에도 실속(失速)을 막기 위해 현재 운항속도는 얼마인지, 날개의 받음각은 얼마나 되는지 조종사가 실시간으로 확인해야 합니다. 실속하면 조종면이 제대로 작동하지 않아서 추락하게 될 수 있습니다. 그리고 '플라이 바이 와이어' 시스템은 바로 그러한 일이 생기는 것을 막아줍니다. 쉽게 말씀드리면, 제가 기체를 정말 아무렇게나 막 조종해도, 말도 안 되게 갑자기 왼쪽이나 오른쪽으로 틀어도 말입니다. 기체에 어떤 위험한 일도 생기지 않도록 기체가 항상 일정한 상태를 유지하도록 설정되어있다는 겁니다.

나레이션 하지만 항공기가 자동화됨에 따라 그에 따른 단점 또한 생겼습니다. 조종사들이 갈수록 더 기술에 의존하게 되었기 때문입니다. 기술의존도가 얼마나 심각한지는 미국에서 시행한 어느 설문조사를 통해 엿볼 수 있습니다. 이 설문조사에 따르면 보잉여객기 조종사들이 수동조종에 할애하는 시간이 평균적으로 항공기 운항 1회당 기껏해야 약 7분 정도밖에 되지 않으며 에어버스 여객기 조종사의 경우 그 절반도 채 되지 않습니다. 조종사들은 혹시 이제 수동으로 조종하는 법을 잊어버린 게 아닐까요? 기술은 우리가 얼마나 신뢰할 수 있을까

Rechner an Bord außer Kontrolle geraten? Im Flugsimulator stellt M○○ einen dramatischen Vorfall von Bilbao nach München im vergangen Herbst dar. Kurz nach dem Start hört das Flugzeug plötzlich nur noch auf den Computer. Die Maschine geht automatisch in den Sinkflug, droht abzustürzen.
M○○ Es gab diesen Vorfall, wo ähm Sensoren vereist waren, die dann falsche Werte geliefert haben. In dem Fall war es so, dass der Computer sich in Sinkflug errechnet hat und das ist genau so ein Fall, wo ein Pilot manuell eingreifen muss, also sprich er muss die Computer ausschalten und stromlos schalten können, damit das Flugzeug wieder seiner Kontrolle unterliegt.
Sprecher Zum Glück war der Pilot erfahren und tat das richtige. Klar ist, einen mutwilligen Absturz können auch ausgefeilte Computersysteme nicht verhindern.
Sprecher Vor dem Joseph-König-Gymmnasium in Haltern haben sich schon kurz nach der Katastrophe die Journalisten in Stellung gebracht. Die Polizei hat Maßnahmen ergriffen, die trauernden Mitschüler vor den Pressevertretern zu schützen. Nicht jeder Reporter hält den gebotenen Abstand zu den Mitschülern der Absturzopfer. Das Wettrennen um die Bilder und Töne des Leidens hat längst begonnen. B○○ ist Schüler in der Oberstufe des Joseph-König-Gymnasiums und kannte die Schüler und Lehrer aus der Unglücksmaschine. Seine Beobachtung zum Verhalten der Presse hat der 18jährge in seinem Internetblog niedergeschrieben. Dafür gab es bundesweit große Zustimmung. Die weitaus meisten der Kommentare zu seinem Text teilten seine Kritik am Verhalten vieler Journalisten in Haltern.
B○○ Das harmloseste war, sag ich mal, ähm, dass wohl Handykameras unter Blumensträuße versteckt waren. Die Journalisten sind dann damit zu der äh zu den Kerzen und Blumen gegangen und haben dann da halt dann heimlich die Fotos geknippst. Was wir auch hatten, das hab ich in einem Gespräch mit einer Notfallseelsorgerin erfahren äh, dass sich tatsächlich dann auch jemand als Notfallseelsorger verkleidet hat, sprich so ne lilane Weste umgezogen hat. Und damit hat er dann versucht mit Schülern, die weinen, Kontakt aufzunehmen und mit denen zu reden, was die denn so erlebt haben.

요? 기체의 컴퓨터가 만일 작동에 이상을 일으킨 다면 어떻게 해야 할까요? 미○○씨는 지난 가을 빌바오에서 뮌헨으로 운항하는 항공기에서 있었던 사건을 항공시뮬레이터를 통해 재현해 보았습니다. 이 여객기는 이륙 직후 기체가 갑자기 컴퓨터 작동 에만 의존해서 기체가 저절로 하강했고, 추락할 위 험에 처했었습니다.
미○○ (시뮬레이션 항공교육자) 이 여객기의 경우에는 센서가 얼어붙은 상황인데요, 그 때문에 잘못된 신 호를 전달받은 겁니다. 그래서 컴퓨터는 이 경우에 하강해야 한다고 판단을 내린 거고요, 이럴 때에는 이제 조종사가 수동으로 기체를 통제해야만 하는 상황인 겁니다. 조종사는 컴퓨터 전원을 내린 다음 에 본인이 직접 기체를 조종해야 합니다. 그래야 기체가 위험한 상황에 빠지지 않습니다.
나레이션 다행히 당시 기장은 매우 숙련된 조종사였 고 수동으로 기체를 컨트롤 할 수 있었습니다. 분 명한 점은, 아무리 정밀한 컴퓨터 시스템이라도 고 의적인 추락은 막을 수 없다는 것입니다.
나레이션 사고가 일어나자 요제프 코니히 김나지움 앞에는 즉시 취재진이 몰려들었습니다. 경찰은 슬픔에 빠진 학생을 언론이 보도하지 못하도 록 기자를 단속했습니다. 하지만 그럼에도 경찰이 유가족과 학생 보호 차원에서 지시한 접근금지 명 령을 무시한 기자도 더러 있었습니다. 취재진은 슬 픔의 현장에서 그 생생한 모습과 소리를 하나라도 더 담기 위해 무척 애를 씁니다. 요제프 코니히 김 나지움 졸업반 학생인 바○○는 참사를 당한 학생 과 선생님을 잘 알고 있습니다. 바○○는 자신의 인터넷 개인 블로그에 이곳 취재진 행태를 고발하 는 글을 올렸고, 그의 블로그는 전국에서 전폭적인 지지를 받았습니다. 바○○의 포스팅에 달린 댓글 들은 바○○를 지지하며 할턴에서 기자의 취재 행 태를 비판하는 내용이 대부분입니다.

바○○ (참사 피해 김나지움 졸업반 학생) 조의 꽃다발 속에 핸드폰을 숨겨놓고 그 핸드폰 카메라로 촬영 하는 거가 제일 덜한 (덜 나쁜) 거였어요. 기자는 그 꽃다발을 들고 (교내에) 초와 꽃을 모아둔 곳으 로 가는 거예요. 그리고는 거기 가만히 서서 몰래 사진을 찍었던 거지요. 또 어떤 경우도 있냐면, 이 건 저도 응급상황 여자 젤조르거에게서 들은 건데 요, 어떤 기자가 응급상황 젤조르거인 척 하고 교 내에 들어왔다는 거예요. 거기 관계자들처럼 똑같 이 보라색 조끼를 입고요. 그리고 여기저기 돌아다 니며 학교 안에서, 울고 있는 학생한테 다가가서 말을 걸고 이것저것 물어봤다는 거예요.

121

Sprecher Am Morgen nach dem Absturz haben sich Reportagewagen aus aller Welt vor der Schule in Stellung gebracht. Das Kerzenmeer auf der Treppe ist ein idealer Hintergrund für eine Liveschaltung. Doch manche Journalisten klingeln an Haustüren, versuchen sogar mit Geld an Informationen zu kommen.
BOO Zuletzt gabs dann auch jede Menge Fälle, dass dann Schülern auch tatsächlich dann für Exklusivinfos, z.B. aus dem Unterricht ähm oder von Fotos innerhalb des Schulgeländes Geld geboten wurde. Ähm und da wurde natürlich nicht vor kein äh kleineren Mitschülern halt gemacht, die dann Klassen 5, 6, 7 sind. Das heißt minderjährige Kinder, die sich echt nicht wehren können und wo auch schon 20, 30€ schon sehr viel Geld ist.

Sprecher 24 Stunden nach dem Unglück: Schweigeminute in Haltern. Die Kameras der Weltpresse sind dabei. Lässt sich Trauer so richtig verarbeiten?

Sprecher Ein Teil der Angehörigen reiste unmittelbar nach dem Unglück nach Frankreich, hoffte auf Erklärungen, wollte wissen wo und wie der geliebte Mensch den Tod fand. Auch LOO und seine Frau fuhren nach dem Birgenair-Absturz gemeinsam mit anderen Hinterbliebenen an die Unglücksstelle. Mit einem Boot fuhren sie an die Absturzstelle auf dem offenen Meer.
LOO Wir sind ja bis zur Unglücksstelle gefahren auf äh mit einem kleinen Boot, mit einem Schiff. War in dem großen Meer wie eine Nussschale. Wir, uns war allen schlecht, wir waren krank und – physisch krank, psychisch krank. Aber in dem Moment, wo wir die Unglücksstelle erreicht hatten war auch ein Regenbogen zu sehen. Das war wie ein Zeichen für uns. Äh und auf der Rückfahrt haben wir gesagt: Ja das haben wir erlebt. Wir haben jetzt begriffen, dort liegt unser Sohn. Und äh wir haben aber auch gesagt: Wir möchten nicht wieder dahin fahren.
Sprecher Nach dem Amoklauf von Winnenden sollte ein Gedenkgottesdienst mit Politprominenz den Angehörigen helfen. Es sei tröstlich gewesen damals in der Trauer gesehen zu werden, sagen Hinterbliebene. Der

나레이션 사고 다음 날은 전 세계에서 온 취재차량이 학교 앞을 가득 메웠습니다. 교정 계단을 가득 채운 촛불의 물결은 생중계를 하며 배경화면으로 쓰기에 딱이었습니다. 심지어 어떤 기자는 집집마다 문을 두드리며 시민들에게서 직접 정보를 캐내려고 했습니다. 그것도 돈까지 쥐어 주면서 말입니다.
바OO (참사 피해 김나지움 졸업반 학생) 진짜 별별 경우가 다 있었어요. 혹시 오늘 교실에서 뭐 들은 내용 있으면 좀 알려달라든지, 아니면 학교 교 징 안에서 사진을 대신 좀 몇 장 찍어달라는 부탁을 하면서 학생한테 돈을 주는 거예요. 물론, 다행히 저희 학생 중에는 돈 받고 진짜 그런 부탁을 들어준 아이는 없는데요. 하지만 (정말 악의적이었던 건) 기자가 5학년이나 6, 7학년 같이 아직 어린 아이들을 노리고 접근했다는 거예요. 그런데 이 아이들은 (어른들이 기자가 하는 행동에) 아직 제대로 거절하거나 대처할 줄 모르잖아요. 게다가 기자가 20유로 30유로씩 쥐어줬다는데 이게 어린 아이한테는 사실 거부하기 힘든 엄청나게 큰 돈이죠.
나레이션 사고 발생 만 하루가 지난 다음입니다. 할 턴에서 묵념의 시간입니다. 그리고 전 세계에서 온 취재진이 시민들을 촬영하며 여념이 없습니다. 이런 상황에서 희생자에 대한 추도와 묵념을 제대로 할 수 있을까요?
나레이션 유가족 중 일부는 사고가 발생한 직후 급히 프랑스로 날아갔습니다. 그들은 사고 현장에서 무언가 해명되기를 기대했고 사랑하는 사람이 어떻게 그리고 어디서 죽었는지 직접 확인하고 싶었습니다. 라OO와 그의 부인도 비르겐에어 여객기 추락 당시 다른 유가족과 함께 사고현장을 찾았었습니다. 그들은 보트를 타고서 추락지점으로 알려진 바다 한 가운데를 나갔습니다.
라OO (다른 참사 유가족) 저희는 작은 보트, 작은 배를 타고 사고 장소에 갔어요. 거대한 바다 한가운데를 그냥 조각배 같은 거 하나를 타고 간 거예요. 당시에 저희들 모두 상태가 좋지 않았습니다. 아팠어요. 몸도 아프고 정신적으로도 아프고. 그런데 저희가 비행기 추락 지점에 도착하니까 하늘에 무지개가 떠 있더라고요. 마치 저희들에게 무언가 말해주는 것 같았지요. 그리고 저희 부부는 돌아오는 길에 이렇게 말했어요. 그래, 우리 눈으로 봤잖아. 확실히 알았잖아. 우리 아들은 그 아래에 있는 거야. 음, 그리고 우리 다시는 저기 안 가는 게 좋을 거 같다고 말했지요.
나레이션 비넨덴의 총기난동 사건 때도 희생자를 위한 추모미사가 거행되었고, 정부의 고위 관료들이 참석하여 유가족에게 조의를 표했습니다. 당시 유가족에 따르면, 그 자리에 고위 인사들이 자리를 함께한 것이 위로가 되었다고 합니다. 추모미사는

Gottesdienst habe den Blick endlich weg vom Täter und hin auf die Opfer gelenkt. Denn lange ging es nur um den Täter. Tim K. war vor seiner Tat kaum aufgefallen. Dass er wahllos Menschen töten würde, das hatte genau wie beim Copiloten Andreas L. niemand vermutet. Beide Personen galten eher als ruhig, zurückhaltend. Das passe ins Muster, so die Amokforscherin.

BOO Viele Gewalttäter sind impulsiv, aggressiv und unkontrolliert. Die reagieren gewalttätig, weil sie in einer Situation sich nicht im Griff haben. Und die wissen am Morgen nicht, dass sie am Abend einen Menschen umbringen werden. Aber solche Täter, die wir Amoktäter nennen, da ist es genau anders herum: Ähm die planen lange und die planen auch solche schrecklichen Taten relativ lange ohne sich etwas anmerken zu lassen.
Sprecher Heute, sechs Jahre nach der Tat, die ihr die Tochter genommen hat, engagiert sich MOO in einer Stiftung, die die Hinterbliebenen der Winnenden-Opfer gemeinsam gegründet haben. In einigen Monaten, vielleicht auch erst in einem Jahr wollen die Winnenden-Angehörigen den Kontakt zu Hinterbliebenen der Germanwings-Katastrophe suchen.
MOO Es ist nicht so, dass das Leben weitergeht. Weiter geht gar nichts. Das ist ein Bruch und es muss ein neues Leben gebaut werden. Aber auf gar keinen Fall in dem man das alte vergisst oder leugnet. Es bleibt der Mensch, es bleibt die Persönlichkeit. Und in der Person dessen der lebt, lebt ja auch der Verstorbene auf eine bestimmte Art und Weise weiter.

Sprecher Auch LOO hat einen Verein gegründet, der Angehörigen ähnlicher Katastrophen helfen soll. Er selbst musste lange damit kämpfen, dass sein Sohn nie gefunden und beerdigt werden konnte. Heute erinnern drei Steine in Poerto Plata, Frankfurt und hier in Berlin an die 189 Opfer. Ein wichtiger Ort für LOO und seine Frau.
LOO Das macht immer meine Frau. Sie streicht immer über den Namen, wenn wir

사건의 범인에게서 완전히 시선을 거두고 오직 희생자에게만 집중했습니다. 왜냐하면 그때까지 오직 범인에게만 관심이 쏠렸었기 때문입니다. 팀 K.는 범행 이전에는 전혀 눈에 띄는 인물이 아니었습니다. 어느 누구도 그가 무차별적으로 사람들을 살해할 동기를 갖고 있었다는 것을 전혀 상상조차 하지 못했습니다. 그리고 이것은 (저먼윙스 여객기) 부조종사인 안드레아스 L.에 대해서도 똑같은 상황입니다. 이 두 사람은 똑같이 매우 조용하고 내성적인 성격으로 알려져 있었습니다. 그런데 바로 이런 성격이 오히려 범인의 프로필에 맞는 거라고 전문가는 말합니다.
바OO (테러범죄 연구자) 대부분의 범인이 충동적이고 공격적이며, 자기통제를 잘 못합니다. 그리고 자기가 처한 상황을 통제하지 못하기 때문에 거기에 매우 폭력적으로 반응합니다. 이들 중 아침에 눈 뜨고 일어나서, 오늘 저녁 누군가를 죽여야만 하겠다고 생각하는 사람은 아무도 없어요. 그런데 우리가 보통 집단살인마라고 부르는 범인들은 사정이 완전히 반대입니다. 이들은 범행을, 그 끔찍한 일을 아무도 눈치 채지 못할 정도로 오랜 시간을 들여서 준비하고 계획합니다.
나레이션 오늘의 마OO씨는, 그 사건으로 딸을 잃고 나서부터 비넨덴 총기난동 사건 희생자 유가족이 함께 설립한 추모재단에서 일하고 있습니다. 비넨덴 유가족 재단은 몇 개월 안으로, 아니 어쩌면 일 년 정도 지난 다음에 저먼윙스 참사 희생자의 유가족을 만나볼 계획입니다.

마OO (다른 참사 유가족) 삶은 계속된다고요? 아니요. 그렇지 않아요. 아무것도 계속되지 않아요. 이건 단절된 거예요. 그러니까 여기에는 완전히 새로운 삶이 시작되어야 한다고요. 하지만 그렇다고 해서 그 전에 있었던 일을 잊어버리거나, 아니면 애써 부정함으로써 새 삶을 살아야 한다는 말이 아니에요. 그 사건은 나의 일부가 됩니다. 그것은 이제 나라는 사람, 나의 존재가 되는 거예요. 죽은 사람은, 남겨진 사람 안에 어떤 특별한 방식으로 계속해서 살아있는 거예요.
나레이션 라OO씨도 참사 희생자 유가족에게 도움을 주려는 목적에서 마찬가지로 재단을 하나 설립하였습니다. 라OO씨는 죽은 아들의 시신을 수습하는 것 자체가 불가능하며 그 때문에 장례조차 치러줄 수 없다는 사실로 오랫동안 괴로워해야 했습니다. 오늘날 포에르토 플라타와 프랑크푸르트, 그리고 이곳 베를린, 이렇게 각각 세 곳에 189명의 희생자를 추도하는 추모비가 세워졌습니다. 라OO과 그의 부인에게는 중요한 장소입니다.
라OO (다른 참사 유가족) 여기 오면 제 아내는 항상 여기 새겨진 희생자의 모든 이름을 하나하나 쓰다

hierher gehen. Wenn man auf den Stein guckt, kann man feststellen, dass ja ganz Familien da umgekommen sind, verunglückt sind und dass Einzelne dann doch sagen: Deren Schicksal ist doch noch viel härter als meins. Natürlich ich hab meinen Sohn verloren. Aber der, die – Eltern, Großeltern haben ja die, ihre ganze Sippe verloren. Die haben keine Nachkommen mehr sozusagen. Das ist dann viel viel schlimmer noch. Und und so ähm ist das auch ein Teil der Trauerbewältigung.
Sprecher L○○ und seine Frau haben fast drei Jahre gebraucht bis der Schmerz etwas nachließ. Aber auch 20 Jahre danach denken sie immernoch fast jeden Tag an ihren Sohn. An der Säule liegt auch ein Kranz für die Absturzopfer der Germanwings Katastrophe. Für ihre Angehörigen beginnt jetzt erst der schmerzliche Teil der Verarbeitung.
Sprecher Für die Journalisten hat sich inzwischen der Hauptspielort verändert. Jetzt konzentrieren sie sich auf den Copiloten, belagern seine Wohnung in Düsseldorf, beobachten wie Polizei und Staatsanwaltschaft die Räume durchsuchen.
(Polizisten und Journalisten streiten) Ja sag mal! / Wer bist du denn, sag mal!? / Ich bin ich!
Sprecher Auch das Haus der Eltern in Montabaur wird belagert. Die Eltern sind nach Frankreich geflogen, nichtsahnend, dass ihr Sohn nicht Opfer, sondern auch Täter sein könnte. Ihr Haus wird ausgeleuchtet. Wieder ein Hintergrund für weltweite Liveschalten.
Journalistin Es ist immer hart für uns das zu tun, denn hier ist eine Familie, die weiterleben muss. Das ist der Teil des Jobs, den ich nicht besonders mag. Aber wir müssen es tun.
Journalist Ich glaube jeder hier hat großen Respekt. Jeder versucht größtmöglichen Respekt entgegenzubringen.
Sprecher Die Neugier ist groß. Viele Fragen, die man klären möchte. Die Öffentlichkeit informieren, das ist die Aufgabe eines Journalisten. Doch wie weit kann man gehen? Wie viel Medienrummel ist legitim? Am nächsten Morgen wird die Wohnstraße wieder unter Strom gesetzt. Einige Nachbarn geben bereitwillig Auskunft, immer und immer wieder.

듣곤 합니다. 이름들을 한번 자세히 봐 보세요. 그러면 참으로 불행하게도, 일가족 전체가 한꺼번에 사고를 당하기도 했다는 걸 알겁니다. 여기 희생자 하나하나가 이렇게 말하는 거 같아요. 제가 받은 슬픔보다 이 사람들의 슬픔이 상상할 수 없을 정도로 큰 거라고요. 저는 제 아들을 잃었어요. 그런데 보세요, 여기 부모나 조부모나, 지금 자식과 손주들이 다 죽은 거예요. 이 집안은 완전히 대가 끊겼다고요. 정말 가슴이 아파요. 그리고 또, 결국에는 이것도 다 극복해야지요.
나레이션 라○○와 그의 부인은 슬픔이 가실 때까지 거의 삼 년 가까이 시간이 걸렸습니다. 하지만 그 후로 오늘날 20년이나 지났지만 노부부는 여전히 하루도 빠짐없이 아들을 생각합니다. 추모비 아래에는 저먼윙스 여객기 추락사 희생자를 위한 꽃다발 하나가 놓여 있습니다. 유가족에게는 이제 슬픔을 감내해야 하는 힘겨운 시간이 시작될 것 같습니다.
나레이션 그러는 동안 기자의 관심은 다른 곳으로 옮겨갔습니다. 언론은 이제 희생자가 아니라 부조종사에게 집중합니다. 뒤셀도르프에 위치한 부조종사의 자택 주변을 취재진이 둘러싸고 있습니다. 기자는 경찰과 검찰이 부조종사의 자택을 수색하는 것을 지켜보고 있습니다.
(경찰과 기자 사이 실랑이) 네 그러니까 말씀해보시라니까? / 뭐하시는 사람이냐고요? / 나는 나지 뭐!
나레이션 몬타바우어에 있는 부조종사의 부모 자택 앞에도 기자가 진을 치고 있습니다. 프랑스로 날아간 부조종사의 부모는 물론 자기 아들이 다른 이들처럼 한 명의 희생자가 아니라 이 사건의 범인이라는 사실을 전혀 알지 못했습니다. 그리고 집 건물을 향해 환하게 조명이 켜집니다. 전 세계에 생중계를 해야 하니 카메라 배경화면이 필요한 겁니다.
여기자 이럴 때마다 항상 난감해요. 여기는 계속 살아야 하는 가정이 있으니까요. 저희도 진짜 이러고 싶지 않아요. 이러는 거 내키지 않고요. 해야 하니까 어쩔 수 없이 하는 거예요.
기자 제 생각에는 여기 있는 모든 사람은 다 기본적인 것은 지키는 것 같은데요. 다들 최대한 선을 넘지 않으려고 하고 있어요.
나레이션 관심은 지대하고, 해명해야 할 의문점들이 많이 있고, 그러나 (취재해서 대중에게) 정보를 전달해야합니다. 이것이 기자가 하는 일입니다. 그런데 아무런 제한도 없이 그래도 될까요? 언론 취재는 과연 어디까지 허용되는 걸까요? 본슈트라쎄에 나와 있는 취재진은 내일 아침까지는 계속해서 전기를 끌어다 쓸 것 같습니다. 이웃 주민은 현재 똑같은 인터뷰를 몇 번이나 했는지 셀 수 없을 정도입니다.

Nachbar Wenn es wenig war, war es 60, 70 mal.
WDR-Journalistin 60, 70 mal?
Nachbar Ja, 60, 70 mal.
WDR-Journalistin Und was war die Frage?
Nachbar Ja, wie es mir geht, ob ich die Leute kenn und so weiter. Im Prinzip alles über die Familie. Aber ich konnte nicht viel dazu sagen, weil ich die Familie nicht näher kenn, sondern ich kenn sie nur vom ansehen.
Sprecher Zwei Journalistinnen vom französischen Fernsehen haben sogar in seinem Wohnzimmer gedreht. Sie klingeln überall in der Nachbarschaft. Vielleicht weiß ja irgendjemand irgendwas.

WDR-Journalistin Glauben Sie es ist in Ordnung hier zu klingeln?
franz. Journalistin Wir versuchen an Informationen zu kommen. Sorry wir haben es eilig.
Sprecher Der deutsche Presserat hat 430 Beschwerden über das Verhalten der Medien bekommen, so viel wie noch nie.

Sprecher Inzwischen sind dreieinhalb Wochen vergangen. In der kleinen Stadt Haltern am See scheint es so als sei der Alltag zurückgekehrt. Viele Halterner können sich auch wieder über andere Themen unterhalten, einkaufen gehen, in der Sonne sitzen. Doch noch längst ist nicht alles wie früher.
Halterner Die Schockstarre hat sich etwas gelöst, aber es ist 'ne tiefe Traurigkeit ringsum. Man siehts überall. Ähm n bisschen gedeckte Stimmung, der Blick ist nicht so nach oben gerichtet. Ja, es löst sich auch ganz allmählich erst, dass der Alltag wieder zurückkommt.
Sprecher Auch in der Schule ist es schwer wieder in den Alltag zu finden. Die Ferien sind vorbei. Die ersten Abiturklausuren mussten in dieser Woche geschrieben werden. Das Kerzenmeer wird immer größer und es soll auch noch bleiben, damit die Schüler weiter um ihre Klassenkameradinnen und -kameraden trauern können. 'Die Schule hat eine schwere Last zu tragen', sagt der Direktor.
WOO Unsere Schüler vermissen ihre Mitschülerinnen und Mitschüler. Unsere Kolleginnen und Kollegen vermissen ihre

주민 진짜 적게 잡아서, 한 60번 아니면 70번 정도 했을 거예요.
WDR 여기자 60번, 70번이나요?
주민 네, 60번, 70번이요.
WDR 여기자 질문이 어떤 것들이었는데요?
주민 뭐, 지금 기분이 어떠냐는 둥, 그 사람들을 아냐는 둥, 그런 거요. 아니면, 다 그 가족에 관한 질문들이에요. 그런데 저는 말씀드릴 수 있는 게 별로 없어요. 저는 그 가족을 잘 알지 못하고, 그냥 얼굴만 알고 있을 뿐이니까요.
나레이션 프랑스 어느 방송사 소속의 기자 두 명은 심지어 보조종사의 자택 내부를 촬영하기까지 했습니다. 이 두 명의 프랑스 기자는 주변을 다니면서 집집마다 초인종을 눌러댔습니다. 뭐가 됐든 간에 아는 사람이 한 명이라도 있을 거고, 뭐라도 하나는 건져야 하니까요.
WDR 여기자 지금 여기서 이렇게 막 여기저기 문 두드리시는거 해도 된다고 생각하세요?
프랑스 여기자 저희는 그저 정보를 얻기 위해 노력할 뿐이에요. 죄송해요, 바빠서 이만 가봐야겠네요.

나레이션 독일기자협회(또는 언론인권센터)는 (이번 일로) 언론보도로 피해를 입은 사례를 약 430건이나 보고받았습니다. 피해신고가 이렇게까지 많았던 적은 지금껏 한 번도 없습니다.
나레이션 3주 하고도 절반의 시간이 흘렀습니다. 할턴 암 제 이 작은 마을에는 일상이 돌아온 것처럼 보입니다. 주민들은 이제 다른 주제로도 대화를 나눌 수 있고, 시장에서 장을 보기도 하고, 햇빛을 쬐기도 합니다. 하지만 아직 모든 것이 예전처럼 돌아온 것은 아닙니다.

할턴 주민 그 사건으로 인한 당장의 충격은 어느 정도 가셨지요. 하지만 여전히 슬픔의 무거운 분위기가 아직 남아 있어요. 어딜 가나 느낄 수 있습니다. 음, 다들 슬픔을 속에 감추고 사는 것 같아요. 아직은 (쾌활하게) 고개를 쳐들고 다니기가 많이 힘들어요. 아니 맞아요, 조금씩 나아지고 있기는 하지요.. 서서히 일상을 되찾고 싶어 하지요.
나레이션 예전의 일상으로 되돌아오는 것, 그것은 할턴 김나지움에서는 특히 더 어려운 일입니다. 방학은 끝났습니다. 이번 주에는 수능시험 첫 일정가 잡혀 있습니다. 초는 계속해서 쌓여 가지만, 남은 학생이 희생된 학생을 기억할 수 있도록 양초는 그 자리에 계속 놓아둘 계획입니다. 교장선생님은 말합니다. 우리 학교는 이제 무거운 짐을 지게 되었다고요.

베OO (교장) 저희 학교 학생은 세상을 떠난 아이들을 몹시 그리워하고 있습니다. 선생님들도 세상을 떠난 우리 두 명의 선생님을 그리워하고 있고요.

Kolleginnen. Aber das ist alles nichts dazu, dass Eltern ihren Sohn vermissen, ihre Tochter vermissen und wissen, die werden nie wieder zurückkehren.
Sprecher Während der Ferien war die Schule geöffnet, um allen die Möglichkeit zu geben hier in der Aula der 16 getöteten Schülerinnen und Schüler und der zwei Lehrerinnen zu gedenken. Eltern, Geschwister, Großeltern und Freunde können hier zusammen traurig sein. Können gemcinsam weinen. Einige betroffene Familien treffen sich hier immer wieder, um das unendliche Leid nicht allein aushalten zu müssen.
WOO Ich persönlich finde das für die Angehörigen vielleicht, empfinde das als sehr kleinen Trost, aber immerhin als Trost. Dass sie merken, dass sie in ihrem Schmerz nicht alleine stehen. Niemand kann den Angehörigen diesen Schmerz nehmen, aber zu sehen, dass wirklich ja die gesamte Welt Anteil nimmt, das kann vielleicht ein Fünkchen Trost eben dann doch spenden.

Sprecher Doch wie lässt sich verarbeiten, dass eine einzelne Person den Tod vieler unschuldiger Menschen verursacht hat? Es gibt bereits Zukunftsvisionen, die diese Katastrophe hätten verhindern können: Führerlose Cockpits, Flugzeuge, die vom Boden aus permanent überwacht und gesteuert werden können. Piloten? Überflüssig. Nach den Anschlägen vom 11. September war bereits daran geforscht worden. Die deutsche Flugsicherung schlägt vor, dieses Forschungsprojekt 'Sophia' nun wiederzubeleben. Flugsicherheitsexperte P○○ hält das technisch für durschaus machbar.
POO Wir haben ja äh heute schon die Möglichkeit Vieles fernzusteuern. Und auch ein Flugzeug kann ferngesteuert. Wenn man eine Drohne fernsteuern kann, kann man auch ein Flugzeug fernsteuern. Aber wir, wir wissen nicht wie viel Unglücke und Fehlfunktionen passieren bei der Drohnensteuerung. Das erfahren wir nicht und da passieren sehr viele Fehler.
Sprecher Dennoch, die Entwicklung von Drohnen ist ein erster Vorbote. Vor allem im militärischen Bereich ersetzen die unbemannten Fluggeräte, beispielsweise bei Aufklärungsflügen, immer häufiger Piloten. Bei Problemen in der Luft gibt es eine

하지만 저희의 상실감도 아들과 딸을 잃어버린, 자식이 다시는 돌아오지 못한다는 것을 아는 어머님 아버님들이 겪는 슬픔 앞에서는 감히 입 밖에 낼 수 없을 것입니다.
나레이션 학교 강당에서 희생된 16명의 학생과 두 명의 선생님을 추모하기 위해 방학 중에도 학교는 문을 열었습니다. 유가족(엄마 아빠, 친형제, 할아버지, 할머니)과 친구들이 함께 모여 슬픔을 나눌 수 있었습니다. 그리고 함께 눈물을 흘릴 수 있었습니다. 몇몇 유가족은 이곳에서 매일을 함께 한다고 합니다. 이 고통은 끝이 없고, 그렇지 않으면 혼자서 감내해야하기 때문입니다.
베○○ (교장) 개인적으로 저는 이게 유가족에게 위로가 되었다고 생각하고요. 유가족이 아주 조금이나마, 대단한 건 아니지만 그래도 미력하게나마 위로 받는 것을 느낄 수 있고요. 이곳에서 유가족이 우리가 서로를 위해 이렇게 함께 있다고 느끼는 거요. 그 어느 누구도 유가족이 겪는 슬픔을 씻어줄 수는 없습니다. 그래도 온 세상이 이 슬픔에 동참하고 있다는 사실이 분명히 유가족에게는 적어도 눈물을 닦아주는 위로가 되었다는 점은 분명합니다.

나레이션 하지만 한 명의 개인이 수많은 무죄한 이들의 생명을 송두리째 앗아갔다는 사실은 어떻게 받아들여야 할까요? 이와 같은 참사를 방지할 대책을 두고 이미 논의가 진행 중입니다. 무인조종석이라든지 또는 이륙시점부터 실시간으로 감시되고 통제될 수 있는 항공기가 바로 그 예입니다. 그럼 비행기 기장은 어떻게 될까요? 조종사는 이제 필요 없습니다. 이 문제는 과거 9/11 테러 사건 이후 지속적으로 연구되어온 분야입니다. 독일항공안전위원회는 '소피아 프로젝트'를 다시 추진할 것을 제안합니다. 항공안전 전문가인 파○○는 이미 기술적으로 가능한 일이라고 보고 있습니다.
파○○ (항공안전 전문가) 우리는 오늘날 정말 많은 것들을 원격 제어할 수 있는 기술을 갖추고 있는데요, 비행기도 원격제어가 가능합니다. 드론을 원격으로 조종하지 않습니까? 그럼 비행기도 원격으로 조종이 가능한 거예요. 그런데 드론을 제어하는 과정에서 어떤 예측할 수 없는 일들이 일어나고 또 오작동이 얼마나 많이 일어날 수 있는지 아직 모르잖아요. 아직 거기에 대해서는 아는 바가 별로 없고 그래서 많은 오류가 발생하는 거예요.
나레이션 하지만 드론 개발은 분명 좋은 출발입니다. 이미 군에서는 무인정찰기와 같은 무인비행기가 계속해서 조종사 인력을 대체하고 있는 실정입니다. 운항 중에 문제가 발생할 경우를 대비해 소위 '커밍홈 기능'이 개발되어 있습니다. 드론은 GPS 위성을 통해 실시간으로 위치를 추적할 수 있

sogenannte 'Coming-home-Funktion'. Die Drohne kann über GPS-Satelliten jederzeit automatisch per Knopfdruck zum Startpunkt zurückgeholt werden. Ist das auch ein Modell für Passagierflugzeuge? Flugexperten warnen vor voreiligen Rückschlüssen. Jede neue Technologie birgt neue Gefahren.
POO Erstens lässt sich jede Fernsteuerung hacken von böswilligen Menschen, die dann äh unbefugt, da eingreifen könnten. Zweitens muss man ja auch wissen welche Situation oben besteht. Und da kann unter dem äh Einfluss einer Entführung zum Beispiel, oder unter dem Einfluss von Revolutionären und anderen Menschen, die die Maschine kapern wollen äh derjenige gezwungen werden ja mit dem Boden zu kommunizieren. Und es kann durchaus ein total falscher Eindruck entstehen.
Sprecher Noch sind führerlose Passagiermaschinen eine Zukunftsvision. Vor allem die psychologische Hemmschwelle ist enorm, denn die Vorstellung einer Maschine ausgeliefert zu sein, behagt den Menschen nicht.
Sprecher Ein Gedenkstein bei Le Verne in den französischen Alpen soll die Opfer der Germanwings-Katastrophe unvergessen machen. Vor dem Joseph-König-Gymmnasium ist inzwischen nach Tagen der Dauerbelagerung etwas Ruhe eingekehrt. Das erleichtert die Trauerarbeit.
BOO Man hats wirklich gemerkt: Als die Kameras weg waren, war die Stimmung an der Schule, wo die Kerzen halt waren, ne komplett andere. Man konnte auch wirklich mit seinen Gefühlen umgehen, wie man das vor seinen Freunden machen würde und nicht vor, ich sag mal, 10 Millionen Zuschauern im Fernsehen.
Sprecher Gespräche in ruhiger Athmosphäre. ROO, JOO und POO, die selber in ihrem jungen Leben Angehörige verloren haben, wollen mit ihrer Trauergruppe helfen. Vier Halterner Schüler, die gerade um die Schwester oder die Freundin trauern, haben das Gesprächsangebot angenommen.
ROO Die haben jetzt da zwei Wochen lang nur drüber reden müssen und sich das überall anhören müssen. Und dann wenn man sie ein bisschen von wegführen kann ähm, hab ich gemerkt, öffnen sie sich auch ein Stück.

으며 버튼 하나만 누르면 이륙했던 기지로 드론을 즉시 소환할 수 있습니다. 이런 모델이 민간여객기에도 적용될 수 있을까요? 항공전문가들은 너무 성급한 기대는 하지 말라고 경고합니다. 새로운 기술은 항상 새로운 위험요소를 안고 있기 때문입니다.

파OO (항공안전 전문가) 원격제어기능은 먼저 거기에 접근권한이 없는 사람들, 나쁜 의도를 가진 사람들에 의해서 해킹이 가능할 수 있습니다. 그 다음으로 (해킹이 된) 상황이 구체적으로 어떤 것인지에 따라 얘기가 달라지겠지요. 여객기를 납치했다든지 아니면 테러리스트들의 소행일 수도 있고요. (무슨 이유에서든) 기체를 완전히 장악하고 통제하고 나서 무언가 요구하려는 사람일 수도 있습니다. 이런 식으로 정말 애초의 의도와는 완전히 다른 위험한 일이 발생할 수 있습니다.

나레이션 무인 운항 여객기는 아직 미래의 이야기입니다. 무엇보다도 심리적인 불안 요소가 가장 큽니다. 조종사가 없는 비행기를 타고 간다는 상상이 기분 좋은 일은 아니기 때문입니다.

나레이션 프랑스 알프스 산간에 위치한 르 베르네에는 저먼윙스 여객기 참사 희생자를 기억하며 추모비가 세워져 있습니다. 요제프 쾨니히 김나지움 앞에 시끄럽게 진을 쳤던 기자도 이제는 없습니다. 고요함은 희생자를 기억하고픈 이들에게는 좋은 일입니다.

바OO (참사 피해 김나지움 졸업반 학생) 다들 그래요, 기자와 카메라가 다 사라지고 나니까 교정 분위기가 완전히 달라졌다고요. 초를 모아놓은 곳 있잖아요. 그리고 이제야 다들 자기감정에 대해 제대로 마주할 수 있게 되었지요. 친구들만 같이 있는 곳에서요.. 텔레비전으로 보는 천만 명도 더 되는 사람들 앞에서 말고요.

나레이션 조용하고 차분한 환경 안에서야 대화를 나눌 수 있습니다. 르OO와 율OO와 피OO는 모두 가까운 가족 한 사람을 잃어버린 경험이 있습니다. 이들은 트라우어그룹페와 함께 할턴 학생에게 도움을 주고자 합니다. 동생 또는 언니와 친구들을 잃어버린 네 명의 할턴 학교 학생이 이 자리에 함께 하였습니다.

루OO (남학생) 여기 친구들은 솔직히 지난 2주 동안 계속 이 주제로만 얘기해야 했을 거고 또 여기저기서 들어야 하는 얘기도 많았을 거예요. 우리가 만약 여기 친구들을 그들이 처한 상황에서 조금이라도 떼어놓을 수 있게 도와준다면, 그것만으로도 그들에게 좋은 일이 됩니다.

EOO Ich denke, es ist einfach schön jemanden zu haben oder mehrere zu haben ähm um zu sehen, dass man so was überleben kann, dass man damit fertig wird.
Sprecher So wie sie es auch geschafft haben: durch viele Gespräche. Und das macht Hoffnung.
SOO Ich kenne ganz viele Menschen bei uns, die heute gut leben. Die sagen, ja ich bin auch glücklich. Es ist anders, ich habe auch immer meine Trauer dabei, aber ich kann trotz trauern glücklich sein. Und das wünsch ich einfach jedem, der traurige Dinge erlebt.

Sprecher 18 Bäume sollen hier an der Schule gepflanzt werden für die 18 Menschen aus Haltern die ihr Leben bei dem Germanwings-Absturz verloren haben.
WOO Solche Wunden heilen irgendwann. Aber die Narben bleiben. Aber Narben helfen auch zu erinnern und deshalb wird sicherlich diese Schule auf der einen Seite mit dem Unglück verbunden bleiben. Aber auf der anderen Seite werden wir eben die Möglichkeit schaffen mit dieser Wunde zu leben und das Gedenken an die von uns Gegangenen auch wirklich halt weiter in unserm Herzen zu tragen.
Sprecher 150 Kerzen werden im Kölner Dom angezündet. Der Gottesdienst lenkt noch einmal das große Interesse der Welt auf die Angehörigen. Danach werden die Hinterbliebenen das Geschehene alleine verarbeiten müssen, aber auch außerhalb des Scheinwerferlichtes verarbeiten dürfen.

아OO (여학생) 저는 누군가 곁에 있어주는 것, 이렇게 여럿이서 함께 있어주는 것만으로도 좋은 거라고 생각해요. 이런 거 이겨내고, 극복하고 살 수 있다는 걸 보여주는 거요.
나레이션 그리고 이 학생들은 실제로 큰 도움이 되었습니다. 바로 많은 대화를 통해서 희망을 심어주었던 것입니다.
슈OO (애도상담사) 저는 저희랑 있는, 지금 잘 살고 있는 수많은 사람을 다 알고 있습니다. 다들, 네 저도 행복해요 이렇게 말해요. 그런데 이건 약간 다른 거예요. 내 안에 슬픔이 가시지 않고 계속 남아있지만 그래도 행복할 수 있다는 거예요. 그리고 저는 안타까운 일을 겪은 모든 이들이 정말 이런 행복을 느끼기를 진심으로 바라고 있습니다.
나레이션 학교 안에 열여덟 그루 나무를 심을 예정입니다. 저먼윙스 여객기 추락사고로 세상을 떠난 사람이 할턴에서 18명이기 때문입니다.

베OO (교장) 아픔은 언젠가 가실 겁니다. 하지만 상처는 남아있어요. 상처는, 우리가 이 일을 기억하게끔 해주죠. 그래서 이제 저희 학교는 앞으로 어쩔 수 없이 이 비극적인 사고를 항상 안고 갈 수밖에 없을 겁니다. 그런데 또 생각해보면, 저희는 이 상처를 안고 사는 방법을. 우리에게 떠난 이들을 정말 가슴 속에 묻고 살아가는 방법을, 반드시 터득하게 될 겁니다.

나레이션 쾰른주교좌성당에는 150개의 초에 불이 켜질 것입니다. 전 세계는 이 추모미사를 통해 다시 한 번 유가족의 슬픔과 함께할 것입니다. 그리고 미사가 끝나면, 유가족은 그 슬픔을 혼자서 이겨내야 할 것입니다. 그러나 (다행히 앞으로는 언론의) 조명을 받는 일 없이 이겨낼 것입니다.